Neoliberalismo y Populismo en el Sistema Político Mexicano

Rubén Borunda Escobedo

Luis Francisco Martínez Ruiz -

Víctor Hugo Medrano Nevárez

BSC

B SIDES COLLECTION

ISBN-13: 978-1-948150-25-5

CONTENIDO

Prólogo v

Capítulo 1 Desafíos del Análisis Social e Histórico 1

Capítulo 2 Los Sistemas Político- Económicos 19

Capítulo 3 El Caso de México: 48

Escenarios Histórico - Políticos

Capítulo 4 El Nuevo Régimen: Desafío Organizacional 70

Capítulo 5 Algunas Reflexiones, a Manera de Conclusión 100

6 Referencias 118

Prólogo

Este libro es el resultado de una inquietud, en relación a las incógnitas que la llegada de Andrés Manuel López Obrador a la presidencia de la República en México, bajo la bandera de un partido político de izquierda de reciente creación ---Morena obtiene su registro apenas en 2014---, y las muchas incógnitas que su irrupción en el escenario político del país, se despertaban en diversos sectores de la opinión pública, particularmente en materia de política económica y desarrollo social e histórico.

La incógnita se hacía más compleja, cuando se consideraba además de la controvertida figura de su líder nacional, Andrés Manuel López Obrador, actor y personaje con amplia militancia en la vida política de México, como dirigente y actor político en contiendas y procesos político-electorales en los últimos años al arribo de un gobierno de corte populista.

¿Cómo analizar este proceso social e histórico o el fenómeno de AMLO y de Morena como partido político?

¿Qué tipo de análisis sería necesario para ello y cuales variables atender en ese propósito? ¿Cómo analizar la presencia del neoliberalismo y el populismo en el destino político de México? Estas incógnitas dan pie al motivo central del presente libro, y al proceso de análisis que se emprende con relación a los regímenes políticos de México a la fecha y los diferentes estilos de gobierno que han marcado el destino de la Nación Mexicana.

El método seguido en el desarrollo del presente análisis es el método aconsejado por Norberto Bobbio[1], el reconocido historiador de los sistemas políticos, método en el que distingue dos dimensiones: una dimensión descriptiva en que se recopilan observaciones de la realidad histórica,

---

[1] Bobbio, Norberto. (2001). La teoría de las formas de gobierno en la historia del pensamiento político. Fondo de Cultura Económica. México. ISBN 968-16-6467-1

como materia de análisis, o insumo en el proceso analítico que se emprende, y, una segunda dimensión prescriptiva, en la que se busca aconsejar, sugerir, decidir. En lo descriptivo, el estudio materia de este documento, recopila y registra informaciones que proceden de una variedad de fuentes, entre los que prevalecen los de tipo documental, así como los eventos que son del dominio público, buscando encontrar en ellos, los temas que se repiten, o los asuntos más usuales, que se observan en el acto de gobernar.

Una segunda consideración en el abordaje del estudio es con relación al problema de la aceptación que los análisis de temas político-sociales suelen tener, entre las gentes con acceso a ellos, y que se resume, o bien en una actitud de aceptación, si el análisis manifiesta juicios congruentes y en armonía con las concepciones políticas de quien lo recibe, o en una actitud de rechazo, si el análisis manifiesta juicios contrarios, y en conflicto, con esas preferencias y concepciones. Este es, finalmente, como se afirma en el primero de los capítulos de la presente obra, el dilema y el riesgo inevitable, y siempre presente, que enfrenta todo analista en el estudio de la realidad social e histórica.

Valgan pues estas pocas palabras para describir el ánimo con que el análisis presentado se planea y desarrolla, con el propósito de iluminar los fenómenos socio-políticos que se analizan.

Capítulo 1

Desafíos del Análisis Social e Histórico

A. Del indiferentismo informativo y el fenómeno de la posverdad.

Escribir, hoy, en México, sobre el tema de la marcha del país, a un año del ascenso al poder de la controvertida figura de Andrés Manuel López Obrador, como presidente de la República, es una tarea altamente controversial. Cualquiera que sea la perspectiva bajo la cual, se desarrolle esta tarea, siempre habrá quien cuestione y moleste el análisis. Lo cierto es que materia hay en abundancia, y son múltiples las cuestiones de interés público, que entre ellos sobresalen, y que invitan a ser examinados. La cuestión es que tal análisis, necesariamente, de inicio, tendría que reconocer las notas ideológicas extremas que caracterizan a este gobierno, pues sus pronunciamientos --- el discurso, los eventos, las frases ---, todo ello, ha ido acompañado de ideas e imágenes que sitúan al nuevo régimen, en un contexto de meta historia, como un movimiento transformador y revolucionario, populista y democrático progresista.

Los retos del que pretende hacer análisis social e histórico, finalmente, incluyen siempre este tipo de dilemas: el de escribir y analizar, a pesar del indiferentismo perezoso de quien se desentiende de la realidad de los hechos y sus consabidas respuestas críticas, cargadas de emoción e ideología, de quien se siente afectado por lo que lee, por más que el esfuerzo de objetividad y liberalidad de los que escriben se haga manifiesta

2

El indiferentismo ante los hechos históricos y su significado, funciona como una especie de defensa mental de los individuos, ante la aparición desbocada y cínica del fenómeno de las "noticias falsas", situación que lleva a las gentes a desconfiar de todo medio noticioso, y a quedarse tan solo con "el sentido emocional" de los mismos, contenido emocional que al provenir de una fuente socialmente confiables --- las redes íntimas sociales ---, los convierte en medios y hechos verdaderos, o falsos; en creíbles, o no creíbles; en aceptables, o en no aceptables.

Precisamente esta nota de "confiabilidad" en el medio, es lo que hace posible la manipulación de la verdad por los profesionales de la mentira, los modernos sofistas ---que enfundados en el prístino traje de los mensajeros de la verdad---, mienten y engañan en las redes sociales sin escrúpulo alguno, convencidos y orgullosos de su militancia y activismo partidista, algunos de ellos, y otros, simplemente como buenos "soldados de la fortuna", mercenarios al servicio de quien les paga y con nulo compromiso ideológico.

Y esta consideración, conduce a otro fenómeno, que, como consecuente necesario, asoma su rostro de confusión y de inocente tabula rasa, para justificar, legitimar, satisfacer y calmar a quien confronta verdades encontradas. La tendencia a contraponer a los hechos objetivos, los llamados "hechos alternativos", la interpretación subjetiva e interesada de los mismos, que busca persuadir al otro de un cierto argumento, o propósito de propaganda, y que se caracteriza por su naturaleza altamente emocional. A este fenómeno, se refiere Huerga Porto (2018), llamándolo "posverdad", para referirse al proceso de transmutación de los hechos, de reales y verdaderos, en míticos y falsos, a los que la persona abraza a pesar de todo, como si en verdad las cosas así hubiesen sido, engañándose a sí misma, pero encontrando la armonía y tranquilidad en su mente, aunque su visión de los hechos sea irracional.

Esta última nota que se observa en el concepto --- su dimensión irracional ---, es clave en el proceso de la gestación y desarrollo de este modo de pensamiento, porque se está frente a una dialéctica de argumentos sin argumento, de hechos sin hechos, una región donde todo es posible, una vez que se ha cerrado el entendimiento a los hechos, y abierto el paso solo a la creencia y a la emoción.

"Nada tiene de extraño ---afirma el autor al que se hace mención---, que en nuestra época los hechos objetivos hayan llegado a ser menos importantes que las creencias o las emociones, dado el desprestigio generalizado que sufre la razón, sitiada desde tantos lugares por parte del discurso post moderno. Resulta evidente que quien cuestiona los hechos objetivos utiliza un recurso tramposo para blindarse contra la refutación porque no tiene interés alguno en apoyar sus posiciones en argumentos, sino en causar en el interlocutor un determinado impacto a través del adecuado manejo de sus más recónditos resortes sentimentales. esta es hoy una estrategia habitual y plenamente consolidada en el mundo de la política, como bien saben todos los demagogos y lobos disfrazados con piel de cordero que, con su animada palabrería, sus estudiados gestos y su maquinaria propagandística, pretenden embelesar a las audiencias" [2].

B. El universo informativo de Lippmann.

Hoy, se vive en un universo informativo de tal complejidad y dimensiones, que la tarea de entender la realidad de los hechos e interpretarlos para los otros, se vuelve una tarea complicada. los hechos son múltiples, muchos de ellos, difundidos con un propósito desinformativo, o, simplemente con fines propagandísticos, o estratégicos, solo para beneficio de los grupos de interés que los propalan.

---

[2] Huerga Porto, Andrés. Revista Leer y difundir. 25 enero, 2018. https://www.leerydifundir.com/2018/01/redes-sociales-opinion-publica-verdad-democracia

Este universo, en el que los medios se desenvuelven, es de tal extensión y vastedad de sus datos, y tal la complejidad de los procesos que su comprensión y discernimiento exigen, que llevaron a Walter Lippmann (1921) [3]a la necesidad de profesionalizar la función informativa para que esa multidimensionalidad informativa del mundo moderno no ahogue la capacidad de los periodistas y medios.

Su propuesta de profesionalización de periodistas y responsables de los medios, puede ser vista como una continuidad del argumento central de su teoría, que distingue el mundo o realidad exterior y las imágenes que de ese mundo se tienen en la mente de las personas, pues la profesionalización de los responsables de los medios, solo se observa la búsqueda de un nuevo escenario donde el periodismo haya ya superado su inocente manejo de las información, una vez erradicados el rumor, los prejuicios, la propaganda y el adoctrinamiento

---

[3] Lippmann, Walter. Public Opinion. 1921.
https://wps.pearsoncustom.com/wps/media/objects/2429/2487430/pdfs/lippmann.pdf

7

visceral que escapa a todo análisis crítico.

"En el fondo, las propuestas de Walter Lippmann apuntan a un nuevo escenario donde el periodismo haya superado la frivolidad en el tratamiento de la información, donde el rumor y los prejuicios, la propaganda y el adoctrinamiento no tengan cabida. Todo ello no puede alcanzarse sin transformar de raíz el itinerario formativo de los futuros periodistas. La lógica de Lippmann, nos explica el profesor Aznar, consiste en que "si el nivel de cualificación de quienes se dedicaban al periodismo mejoraba y su preparación se hacía más completa y específica, el producto de su labor debía resultar asimismo mejor" (p. XLII). El círculo se cerraría si, efectivamente, unos periodistas más cualificados, con formación científica –es decir, universitaria– lograran despejar el horizonte vital de los individuos destinatarios de sus mensajes sobre el mundo exterior. Esta sería la primera función social de la prensa, y por tanto la más importante: conseguir una sociedad mejor informada y un individuo capaz de entender algo más el entorno (p. XLII)". [4]

C. Las redes sociales: oportunidades y amenazas.

Hoy, el análisis de interpretación de los fenómenos sociales, requiere de una doble y refinada prudencia, no solo la verdad de los hechos se esconde entre miles de fuentes y datos, muchos de ellos escoria y palabrería hueca, sino que hay, además, quienes, como parte de su oficio de propagandistas, propaladores del mito y la nota interesada, no hablan con la verdad, o simplemente, en el mejor de los casos, hablan con medio verdades, que omiten hechos, o los ocultan o alteran. Todo ello con tal que el mensaje propagandístico, que se pretende, sea lanzado, discutido, propalado.

---

[4] Aznar, Hugo. Walter Lippmann. Aznar Hugo. Walter Lippmann. Tecnos Madrid, 2011 ISBN: 978-84-309-5216-8 Doxa. Comunicación | N.º 13 | 241 file:///C:/Users/sergi/OneDrive/Documentos/BOOK%20REFERE NCIAS/Libertad_y_prensa_de_Walter_Lippmann.pdf

Edgar Vázquez (2017), detalla con una descripción objetiva y trágica este fenómeno: "Si bien los libelos han existido desde la época de los romanos --- escribe ---, en la era de las plataformas sociales, los medios de comunicación con años de trabajo, que cuentan con periodistas curtidos en comprobar hechos, compiten con impostores que disfrazan las mentiras de rigor, buscando publicidad, influencia, o simplemente dinero." [5]

El fenómeno es bastante conocido. Las épocas electorales son campo propicio para ello. En el escenario de estos procesos, no solo el ciudadano debe hacer frente al universo paralelo de la información, inundado con miles de noticias, datos y referencias, sino, además, y sobre todo, al recurso malintencionado de las "noticias falsas" que inundan los periódicos, las notas informativas en la televisión o la radio, y particularmente, en las redes sociales.

---

[5] Vázquez, Edgar. Noticias falsas y campañas electorales del 2018. 2017. https://www.edgarvasquez.com/noticias-falsas-y-campanas-electorales/

Natalia Aruguete[6], muestra como en los últimos años, las redes sociales se han convertido en una fuente peligrosa de propagación de noticias falsas y aunque los dirigentes de los partidos políticos lo saben, hacen caso omiso, y apuestan a su utilización durante las campañas electorales para posicionarse y diferenciarse de sus oponentes. "Durante las campañas electorales --- señala ---, las redes sociales son el laboratorio natural para analizar la polarización política". Advierte que los usuarios de las redes sociales tienden a propagar (retuitear) los mensajes que coinciden con sus creencias previas y explica como las *fakenews* influye en el pensamiento del electorado. Las plataformas tecnológicas del Facebook, el Twitter o el Instagram, son particularmente propicias para multiplicar este fenómeno, pues su naturaleza mecánica --- de los "like", los "share" o los "retwitt" ---, facilita la multiplicación de las informaciones en forma

---

[6] Aruguete, Natalia. Revista P, septiembre de 2019. https://www.letrap.com.ar/nota/2019-4-9-13-18-0--las-fake-news-son-una-herramienta-mas-de-las-campanas-electorales.

incalculable e inmediata, además de la presencia, particularmente en las épocas electorales, de otros varios fenómenos adicionales que complican más el proceso. Se hace aquí referencia a la tecnología de las repetidoras robot de datos y mensajes --- o "bots" (bits de código escrito para imitar a los usuarios humanos) ---, que son utilizados durante estos procesos como un recurso más en el propósito desinformativo; a la par de las cuentas falsas en estas plataformas, que operan y compiten de la misma manera que las cuentas auténticas de usuarios reales, y cuyo propósito único es engañar y difundir el mensaje propagandístico.

Hay que destacar además la importancia del anonimato en internet --- tanto la posibilidad de no identificarse como la posibilidad de asumir una identidad falsa ---, pues tiende a facilitar las tareas del propagandista oculto, al permitir que sus mensajes lleguen a jóvenes sin experiencia o información, lo que hace más factible la credibilidad de esos mensajes de engaño. Además, el anonimato se combina de manera indeseada con la importancia que tienen las redes sociales para los jóvenes, y la trascendencia de la experiencia de estar en ellas, pues es allí donde inician sus escarceos en materia de informaciones políticas, a la par que son fuente de importante de información para ellos en esta materia, cuando se inicia en ellos el desarrollo de una conciencia e identidad política.

Esta el hecho, además, de que algunas de las plataformas, como Facebook y Twitter, se han convertido más en mecanismos de control social que en simples medios informativos, y sus creadores, representantes y dueños, son hoy objeto de investigaciones sobre su participación en este juego de simulación y apariencia desinformativa.

Mención aparte merece el caso de los llamados ejércitos de cibernautas, que se suman al juego de la manipulación de la opinión pública, con tareas especializadas que vale la pena destacar y comentar con mayor detalle.

Los "ejércitos de cibernautas" ---, definidos por el Oxford Internet Institute ---, como "equipos gubernamentales, militares o partidarios que se dedican a manipular la opinión publica en las redes sociales" (Infobae, 2017) [7], cuyas actividades rebasan la naturaleza misma de los procesos de información y comunicación, pues hacen uso de las plataformas informativas, adoptando identidades falsas, para lanzar campañas de propaganda y desinformación, más característicos de una campaña de guerra psicológica o psicopolítica, que una simple y honesta comunicación en la red.

El oficio de este tipo de estructuras desinformativas y sus complejos enlaces con gobiernos y partidos políticos, han sido denunciados por especialistas en diversos campos de la comunicación, como

---

[7] Infobae. Martes 29 de octubre de 2019. El oficio del troll: como se organiza la manipulación de las redes sociales. https://www.infobae.com/america/mundo/2017/09/13/el-oficio-del-troll-como-se-organiza-la-manipulacion-de-las-redes-sociales/.

Samantha Badshaw y Philip N. Howard[8], quienes documentan la cínica intervención propagandística electoral de gobiernos y partidos políticos que encontraron en sus investigaciones, y que los lleva a concluir que: 1) Los ciber ejércitos son un fenómeno generalizado y global; 2) Todos los regímenes autoritarios hacen campañas en redes sociales, y, 3) Casi todas las democracias tienen campañas en redes sociales.

Infiltración en las redes, simulando ser un usuario espontaneo, para luego propagar desde ahí sus mensajes.

---

[8] Bradshaw, Samantha and Philip N. Howard. 2017. Troops, Trolls and Troublemakers: A Global Inventory of Organized Social Media Manipulation. Working paper no. 2017.12 http://blogs.oii.ox.ac.uk/politicalbots/wp-content/uploads/sites/89/2017/07/Troops-Trolls-and-Troublemakers.pdf

a. Guerra de datos.

b. Cuentas falsas en redes.

c. El "troll", o hacer burlas de los otros usuarios.

d. Comentarios de publicaciones, con mensajes que refuerzan y apoyan la postura o la ideología oficial, o bien, en forma negativa con mensajes que implican el abuso verbal, el acoso o provocación de personas que se oponen o critican la verdad oficial.

e. Comentarios que buscan interrumpir o romper los procesos comunicativos de críticos o personas con posiciones contrarias a la ideología oficial, como es la práctica de inundar de hashtags esas conversaciones que a manera de spam terminan interrumpiendo las charlas entre ellos.

f. Elegir blancos individuales a quienes se ataca de manera sistemática y prolongada, como a los líderes de opinión, dirigentes de partidos contrarios, opositores de los gobiernos, periodistas o activistas sociales.

g. El acoso que por lo general incluye el abuso verbal, la discriminación y las burlas por sus valores, creencias o identidades, todo para silenciar el disentimiento en línea, descalificando la idea contraria al mito que se propala.

Ante este abrumador panorama, el analista, que pretenda objetividad y neutralidad en la difusión de su quehacer social o histórico, se encuentra ciertamente en una clara desventaja. ¿Cómo competir frente a estas múltiples armas y procesos de propaganda oficial, cuyo único objetivo es anular, acallar o destruir cualquier voz de la disidencia política o ideológica?

Se entiende que, frente a este abigarrado cuerpo de resistencia militante en el terreno informativo, cuya tarea es enfrentar cualquier señalamiento crítico al gobernante, o partido político en turno, o al candidato de las mafias que apoyan y financian estas plataformas bélicas en el campo de la propaganda política.

Capítulo 2

Los Sistemas Político- Económicos

A. Noción y componentes esenciales del concepto.

La identidad de los sistemas político-económicos --- según Walter Montenegro (1982)[9] ---, depende solo de los modos de interrelación de tres

---

[9] Montenegro, Walter. Introducción a las doctrinas político-económicas / Walter Montenegro. - 3~ ed. - México: FCE, 1982 328 p.; 17 X 11 cm - (Colec. Breviarios; 122) ISBN 968-1 (H)609-4 Retrieved from https://www.scribd.com/document/251988076/Introduccion-a-Las-Doctrinas-Politico-Economicas-Walter-Montenegro

circunstancias: el individuo, la colectividad y el Estado. El origen de esa interdependencia se remonta al estado primitivo de soledad y desamparo que experimenta el hombre en los primeros tiempos de su historia ---el "animal político" Aristotélico---, y que lo impulsa a asociarse con los otros, para enfrentar juntos, en forma exitosa, la lucha por la existencia. Los avatares históricos que de ahí le siguieron, llevaron al hombre a diseñar y organizar las formas de convivencia que era necesario establecer para que la cooperación y la convivencia armónica existiese. El resultado, un esquema de convivencia social que opera bajo normas establecidas y bajo la dirección de una autoridad establecida. "Lo que da su identidad propia a un esquema político, es el carácter de esas normas: su inspiración, sus fines, el radio de acción que tienen y el papel más o menos preponderante que en cada acontecimiento desempeñan el individuo, el Estado o la colectividad"[10].

---

[10] Montenegro, Walter. Op. cit. p. 13

En el simple juego de posibilidades de permuta y combinaciones de estos tres elementos, se encuentran tres posibles resultados. Uno, la prevalencia del individuo sobre la colectividad y el Estado, y el interés individual como el centro único de decisión en la conformación y funcionamiento del sistema político-económico. Un segundo resultado, el de la prevalencia en ese juego de equilibrio por parte de la colectividad, y los intereses de la comunidad, no del individuo, como el eje clave en la toma de decisiones para efectos de la formación y funcionamiento del sistema. Y el tercero, el resultado en el que el Estado cobra prevalencia y es el interés público el que se convierte en el factótum para la toma de decisiones en el sistema.

En la realidad histórica, la diversidad de las formas que, como resultado de este proceso, asumen los sistemas político-económicos, como puede entenderse, es múltiple y compleja. Y solo desde un punto de vista de análisis académico, es que se intenta distinguir y clasificar a estos esquemas o diseños político- económicos de la vida de los pueblos.

Una aclaración previa exige establecer que, si bien la noción de "sistema económico"[11], apunta a ciertas formas de vinculación de los procesos de producción, distribución y consumo de bienes y servicios, es el poder político, y por consecuencia los sistemas políticos, los que deciden cual es el diseño y las formas en que ese proceso se da en la vida real, ya que es el poder político, al menos formalmente, quien posee esta atribución legal para hacer que las cosas marchen de un modo, y no de otro distinto. Así, por lo tanto, cuando se habla en este trabajo de "sistema político-económico", se incluyen en su interpretación, estas dos dimensiones a que se ha hecho alusión, a saber, la dimensión económica, propiamente dicha ---relativa al diseño del esquema productivo---, y la dimensión política, que se refiere a la capacidad de los gobiernos para decidir las formas

---

[11] Definicion.de. 2018. Retrieved from Definicion.de.

que consideran la producción, circulación y distribución de bienes y servicios deba de hacerse.

Así lo observa también Manuel Camacho Solís, para quien el sistema político es "el conjunto de instituciones gubernamentales y no gubernamentales, que cumplen funciones de dominación política, dirección política y administración social, así como al personal directivo que, (en sus interacciones con los ciudadanos y con los grupos) las sostiene y las utiliza. Es decir, que el concepto incluye tanto a las organizaciones políticas que han permanecido en el tiempo, como a la clase gobernante; y a la vez no se limita a las funciones coercitivas, sino que incluye a las funciones de legitimación y administración social que han resultado de creciente importancia politica para los paises en desarrollo"[12].

---

[12] Camacho, Manuel. Los nudos históricos del sistema político mexicano. Retrieved from Foro Internacional, Vol. XVII, 4 (68) abril-junio, 1977. https://forointernacional.colmex.mx/index.php/fi/article/view/772

B. Posibilidades históricas: individualismos vs colectivismos.

Como resultado de la prevalencia del individuo, la colectividad o el Estado, en la estructuración de los sistemas político-económicos, se han ensayado a lo largo de la historia, sistemas unas veces inclinados al interés del individuo dándose lugar a los sistemas conocidos como individualismo, liberalismo económico o capitalismo, y otras veces inclinados a los intereses de la comunidad o del Estado, generándose así los sistemas conocidos como colectivismo, socialismo y comunismo.

En la visión clásica de estas dos posibilidades de estructuración económica y social de los pueblos, en la que se confrontan a los sistemas individualistas frente a los sistemas socialistas o colectivistas, la raigambre teórica de estas dos visiones se expresa en caracterizaciones claras, aunque en la realidad de los hechos históricos, tales caracterizaciones no se sustenten del todo. Así, históricamente se identifica como socialistas lo mismo al sistema político-económico que prevalece en la China actual, al sistema prevaleciente en la URSS por casi 70 años, o al gobierno actual de Corea del Norte, bajo la dirección de Kim Jong-un, su presidente. O se identifica también como sistemas capitalistas o liberales, lo mismo que al sistema político norteamericano, de nuestro tiempo, como al sistema político de la Alemania actual o el de Gran Bretaña, aunque haya diferencias históricas y culturales profundas entre ellos.

El sistema individualista.

En este sistema, se pretende salvaguardar los derechos fundamentales del individuo --- el derecho a la vida, a la libertad, a la felicidad ---, y para ello se garantizan las tres instituciones que le son esenciales: la propiedad privada, la libre iniciativa y la empresa privada. En este esquema, en el que el

Estado solo se preocupa del bienestar individual y de respetar y proteger su libertad y sus derechos, se abre la posibilidad de un desequilibro en la balanza ante la posibilidad de una sobrevaloración de uno de los factores en el juego. Para hacer frente a este riesgo, se afirma que el límite de la libertad individual es el que demarca y protege los derechos de los demás, bajo a romántica idea que tanto el orden moral, como el orden jurídico, estarán funcionando para asegurar una vida pacífica y en armonía, en donde el Estado se encarga de supervisar y garantizar el desarrollo de esta convivencia armoniosa. Se piensa que el Estado, se desempeña mejor, cuanto menor es su intromisión en el libre juego de las leyes del mercado. El Estado se convierte así en una especie de "gendarme" necesario, cuya presencia debe reducirse al mínimo estrictamente indispensable. El individuo es, pues, el protagonista y objetivo final de este orden político-económico. La colectividad le sirve; el Estado lo protege.

El sistema colectivista.

En este sistema, el individuo deja de ser un fin en sí mismo, y se le reconoce solo en cuanto a su aportación al bienestar de la colectividad. La felicidad del individuo, como fin, es sustituido por la felicidad de la colectividad. Al hacerse evidente que, en la práctica, los individuos no se contentan con sus propios derechos, sino que invaden los derechos de los demás y se sirven de ellos para su propio beneficio, se llega a la conclusión de que no es la colectividad quien debe servir al individuo, sino el individuo a la colectividad, contribuyendo así al bien común de la colectividad y haciéndose acreedor, de esta manera, a la justa parte que le corresponde de ese bien común. Pero solo a eso, y nada más, pues queda entendido, por supuesto, que la distribución de los beneficios colectivos debe ser igualitaria, sin que quepa ninguna forma de privilegio. De este modo, la propiedad privada pierde en este esquema la posición privilegiada que le asignan las teorías individualistas y se convierte en la parte acusada, culpable de engendrar la mayor parte de los males que engendra la sociedad individualista. La única propiedad respetable, por consiguiente, es la que cumple una función social. La propiedad de las fuentes de riqueza, o instrumentos de producción, debe ser transferida a la colectividad, de manera que la riqueza producida pase a ser comunica en vez de individual. Es natural que, en el nuevo sistema, que busca reparar las injusticias del anterior, se acentúe el sentido de protección a los grupos económico-sociales que habían sido menos favorecidas. El Estado debe servir a los intereses de la colectividad, fungiendo como regulador del orden colectivo --- jurídico, político y económico. Desaparece el individuo como el personaje central, lo mismo que la distinción de clase, que otorgaba a unos la propiedad y posesión de los bienes, con exclusión de los otros, a quienes se margina de estos privilegios y riqueza.

C. Neoliberalismo vs Populismo.

Hoy, el escenario de los sistemas político-económicos es dominado por reinvenciones de los sistemas político-económicos mencionados, invocándose ahora nuevos nombres y nuevas formas de venderlo y legitimarlo. Tal es el caso del Neoliberalismo y del Populismo, sistemas ideológicos y estructurales en choque que buscan hoy ser reconocidos, y en última instancia convertirse en el paradigma político-económico de nuestro tiempo.

Aun a riesgo de sonar repetitivos, se brindan a continuación algunas consideraciones particulares que intentan caracterizar las notas más características que en términos prácticos se identifican en estas dos concepciones.

El Estado Neoliberal.

El Estado neoliberal, como se hizo en el viejo sistema liberal individualista, pone en el individuo y el interés particular, el foco central de su interés, favoreciendo a la propiedad privada, el imperio de la ley, y el libre comercio como supuestos básicos de su estructuración. Los contratos, como expresión de la voluntad individual pactada entre los individuos, constituye el más importante elemento en el marco legal que prevalece en este sistema. La inviolabilidad de los contratos y el derecho a la libertad de trabajo, a la libre expresión y a la libre elección de sus representantes son valores que se supone han de ser protegidos por el Estado. La libre empresa y las corporaciones, en consecuencia, son consideradas valores fundamentales de la sociedad.

Se piensa que la privatización de activos es un estímulo para el desarrollo y la innovación, y se juzga que cuando la propiedad privada no se respeta, se obstaculiza el desarrollo económico y el bienestar. Se piensa también, que la privatización de los derechos de uso y explotación de los recursos públicos, como el petróleo, el agua o la tierra, es la mejor manera de proteger a la sociedad de los abusos por parte del Estado en la explotación de estos recursos. Los sectores económicos, dirigidos por el Estado, deben ser traspasados a la esfera privada. La competencia entre los individuos y las empresas es considerada positiva para la sociedad. Por supuesto, las directrices de la competencia en el mercado deben ser observadas, pero ante las lagunas de la ley, cuando no existan esas directrices, o no se hallen establecidas con claridad, el Estado debe utilizar su poder para imponer o inventar sistemas de mercado.

En la óptica del Estado neoliberal, la práctica de la privatización y la desregulación, así como la competencia, tienden a eliminar los trámites burocráticos, incrementan la eficiencia, mejoran la calidad de las mercancías y reducen los costes, tanto de manera directa para el consumidor a través de la oferta de bienes y servicios más baratos, como indirectamente mediante la reducción de las cargas fiscales.

La libre movilidad del capital entre sectores, regiones y países se considera un factor crucial. Todas las barreras a esta libertad de movimiento, como aranceles, ajustes fiscales, la planificación y los controles medioambientales, han de ser eliminadas, salvo en aquellas áreas que son cruciales para el interés nacional. La soberanía estatal sobre la circulación de mercancías y de capitales es entregada en una actitud servicial al mercado global. La competencia internacional se percibe como algo positivo en tanto que mejora la eficiencia y la productividad, reduce los precios y, por consiguiente, controla las tendencias inflacionarias. Por lo tanto, los Estados deberían buscar de manera colectiva, y negociar entre ellos, la reducción de las barreras a la circulación del capital entre las fronteras y la apertura de los mercados.

El Estado Populista.

Desde la perspectiva de la macroeconomía, autores

como Dorbusch y Edwards[13], intentan describir las características sobresalientes del Estado populista en su pura dimensión económica, afirmando que se trata de "un enfoque al análisis económico que hace hincapié en el crecimiento y la redistribución del ingreso, y minimiza los riesgos de la inflación y el financiamiento deficitario, las restricciones externas y la reacción de los agentes económicos ante las políticas "agresivas" que operan fuera del mercado".

Por otro lado, desde la perspectiva política, se identifica en el movimiento populista, una propuesta política-estratégica, alrededor de un liderazgo personalista que mueve a una gran cantidad de votantes, al mismo tiempo que se crea una maquinaria electoral sin institucionalidad alguna, dirigida solo por el líder del movimiento.

---

[13] Dornbusch, Rudiger y Sebastián Edwards. La macroeconomía del populismo en la América Latina. Retrieved from https://miestrado.files.wordpress.com/2014/10/macroeconomia-del-populismo.pdf

En otras aproximaciones al sentido del término, más cercanas a las manifestaciones histórico-políticas del fenómeno, las descripciones cobran distinciones importantes. Una de estas aproximaciones es la de Ludolfo Paramio[14] que destaca el carácter contestatario del discurso populista, discurso que se agota en la sola denuncia de los errores del gobierno precedente ---expediente al que suele recurrir con frecuencia---, y a quien se acusa y señala, solo para buscar la simpatía y el apoyo popular y presentar así al nuevo gobierno como el representante real de sus los intereses populares.

Otra interpretación del modelo es la que ofrece el español Luis Miguel Romero[15], en donde el oxímoron

---

[14] Paramio, Ludolfo. Giro a la izquierda y regreso del populismo. Nueva Sociedad 205. Pp. 65. Retrieved from https://www.academia.edu/1242528/Giro_a_la_izquierda_y_regr eso_del_populismo.

[15] Romero, Luis Miguel. El auge del populismo y la anti política. Revista Acción Política. Edición No 2 Bogotá. Noviembre-diciembre. 2017. file:///C:/Users/sergi/OneDrive/Documentos/BOOK%20REFERE NCIAS/El_auge_del_populismo_y_la_antipolitica.pdf.

ocupa un lugar central, es decir, la dialéctica de la falta de sentido en las palabras, que hoy prevalece en la mayoría de las manifestaciones históricas del discurso político populista. "En este ecosistema --- afirma---, ha venido tomando relevancia la "anti política" como modus vivendi. Una actitud ciudadana, más o menos generalizada, de considerar a la clase política como una élite desvinculada con los intereses de la sociedad y ávida por una refundación de los sistemas políticos, siendo bandera en mayor medida –aunque no exclusivamente– de sectores de la izquierda radical", y añade: "En Latinoamérica el predominio de paradigmas demagógicos en las instituciones políticas como el clientelismo, el particularismo o el neopatrimonialismo, conducen en cierta medida a una "despolitización" de la vida pública, lo que puede devenir en la evolución de populismos autoritarios basados en el oxímoron de "políticos anti política" e incluso "gobiernos anti política", intentándose con esto abolir, al menos discursivamente, el juego político tradicional, para no ser percibidos como actores políticos sino como parte de un pueblo que lucha por las reivindicaciones".

Lo que describe Luis Miguel Romero en el texto que se transcribe, es la historia de Chávez en Venezuela, o la historia que recién se escribe también Andrés Manuel López Obrador en México, populismos que emergen desde el caldo de cultivo del sentimiento de la "anti política" y que asumen un doble papel: el de quien ejerce el poder, y al mismo tiempo, el de quien representa una disidencia simbólica con el fin de buscar la hegemonía tanto en el ejercicio del poder, como en el descontento social que el mismo provoca; el cinismo hecho política que utiliza el discurso de la indignación social, y a los excluidos, como la razón de su existencia. El populismo se fortalece, entonces, por la misma expectativa popular de alcanzar el poder, jugando siempre con representaciones del imaginario antisistema, aunque al mismo tiempo es el propio actor populista el que se ubica al interior del sistema, dentro de la misma mafia que tanto detesta en el discurso.

Establece este autor, cuatro etapas o fases en el proceso de construcción del Estado populista: 1) la polarización de la sociedad, 2) el igualitarismo perceptivo, 3) la disciplina militante y 4) la negación y el desplazamiento de la culpa.

Fase 1: *La polarización de la sociedad.*

En esta fase, la construcción del Estado populista, tiende a polarizar a la sociedad, dividiéndola en dos partes opuestas: las "élites", a quienes se sataniza como el autor de todos los males sociales, y a quienes se les representa por los partidos tradicionales, los sectores del orden establecido y las altas clases sociales; mientras que el "pueblo" --- en donde el propio líder populista se auto inserta---, se asume como la "anti política" de los indignados, de los pobres y de todos aquellos que no son de la primera categoría. De esta forma, la dinámica política se torna una farsa, una especie de película de aventuras en donde el protagonista enfrenta al malvado antagonista representante de la categoría de los poderosos, a los que denigra con nombres que descalifican y acosan.

Fase 2: *El igualitarismo imaginario.*

En contraposición al elitismo característico de la política tradicional, el populismo prefiere los liderazgos carismáticos ignorados, que encuentra en las comunidades, escuelas o corporaciones, y que son fácilmente reconocidos en el imaginario colectivo como representantes de las clases populares. Esta maniobra facilita el desarrollo de un delirio emocional de sus seguidores, que puede llevar al extremo de guiar su conducta política por dogmas o creencias basadas en una fe política simplista y final, sin dudas o marcha atrás. "En este sentido ---afirma Luis Miguel Romero---, la operacionalización de los partidos y gobiernos de este corte otorgan un papel simbólico a la autoorganización social para empoderarlos a estos grupos y dotarlos ---real o ficticiamente--- con cuotas de poder y así mantener el control indirecto en las poblaciones menos favorecidas"[16].

Fase 3: *La disciplina militante.*

A pesar de que la propuesta populista, en las épocas electorales, se ofrece en forma atractiva a las masas, presentándola como la gran alternativa histórica para recuperar la libertad y la democracia, y para ello, con el fin de lograr el voto popular, se le maquilla e idealiza como la gran panacea democrática, defensora de las libertades y derechos individuales, una vez que llega al poder, la propuesta de libertades se convierte en una práctica de tiranía, obediencia y sumisión total al partido y a sus líderes. La práctica del populismo en el poder termina siempre por convertirse en una dictadura del líder y del partido oficial, que exige a sus militantes una fe ciega frente a sus decisiones en un escenario de solidaridades obligadas y voluntades forzadas.

Los orígenes ideológicos de esta idea dogmática del partido como la fuente de dominio y fuerza popular,

---

[16] Romero, Luis Miguel. Op. cit.

que exige fe ciega y obediencia automática, son fácilmente rastreables a los pronunciamientos, y discursos de los teóricos del comunismo, particularmente en Lenin con su tesis de "la dictadura" del proletariado, y las reelaboraciones tardías hechas en el Estado comunista soviético de postguerra. Así, las palabras de Lenin[17] --- el autor de la dictadura del proletariado---, en su discurso sobre el papel del partido comunista ante la Segunda Internacional Comunista: "El partido político ---dice---, puede agrupar tan sólo a una minoría de la clase, puesto que los obreros verdaderamente conscientes en toda sociedad capitalista no constituyen sino una minoría de todos los obreros. Por eso nos vemos precisados a reconocer que sólo esta minoría consciente puede dirigir a las grandes masas obreras y llevarlas tras de sí. Y si el camarada Tanner dice que es enemigo del partido, pero al mismo tiempo está a favor de que la minoría de los obreros mejor

[17] Lenín. El papel del Partido Comunista. 23 julio de 1920. Boletín del II Congreso de la Internacional Comunista. Discursos pronunciados em los congresos de la Internacional Comunista. Moscú, Ediciones Progreso. Marxists Internet Archive, 2001. Retrieved from https://www.marxists.org/espanol/lenin/obras/1920s/internacional/congreso2/02.htm.

organizados y más revolucionarios señale el camino a todo el proletariado, yo digo que en realidad no existe diferencia entre nosotros. ¿Qué representa una minoría organizada? Si esta minoría es realmente consciente, si sabe llevar tras de sí a las masas, si es capaz de dar respuesta a cada una de las cuestiones planteada en el orden del día, entonces esa minoría es, en esencia, el partido".

Desde luego que, en la venta de su propuesta, cuando sumar votos y ganar las elecciones se trata, el populismo, convencido de que el fin justifica los medios, disfraza y miente sobre sus verdaderas intenciones y la amarga realidad de su propuesta ideológica, una vez que llega al poder, se manifiesta como es: una dictadura que a nombre de los intereses del pueblo impone y exige el total sometimiento de los ciudadanos a sus mandatos. Tal pareciera que simplemente se aplica a rajatabla la Ley 32 del Poder[18] que aconseja "jugar con la

---

[18] Greene, Robert. Las 48 leyes del poder / Robert Greene y Joost Elffers. Buenos Aires: Atlántida, 2010. ISBN 978-950-08-3768-2.   www.elartedelaestrategia.com/Las-48-leyes-del-poder.pdf

fantasía de la gente", pues "da mucho poder aprovecharse de las fantasías de las masas."

Fase 4: *La negación y el desplazamiento de la culpa.* En esta fase ---que en el ensayo original el autor nombra como "La culpa es de terceros"---, el gobierno populista jamás asume su responsabilidad en el ejercicio del poder, ni acepta que el fracaso en su gestión sea el resultado de sus políticas y sus decisiones en el poder público. No es políticamente correcto hacerlo. Tampoco puede echarse la culpa al pueblo, el que como víctima propiciatoria paga por sus propias desgracias. No, la culpa siempre es culpa de los demás, de terceros, respuesta que opera cole funciona como mecanismo de defensa para desplazar la culpa y acusar a cualquiera otro, menos a sí mismo. De este modo, la negación de culpa que precede al desplazamiento va acompañada de señalamientos hacia los demás a quienes se culpa, sea el capitalismo, la "ingobernabilidad", los corruptos gobiernos anteriores, la oposición o simplemente a cualquier otra fuerza que se le oponga.

A medida que crece la radicalización ideológica de sus militantes, y la oposición es satanizada ante la opinión pública, surgen los ataques de violencia contra periodistas y líderes de opinión, lo mismo que contra dirigentes de partidos de oposición, algunas veces a través de las instituciones de seguridad del Estado, otras veces, por turbas violentas simpatizantes del régimen populista que salen a las calles a silenciar a aquellos que se oponen al gobierno del pueblo. "Este proceso de violencia oficial no solo busca las manifestaciones de apoyo de parte de sus simpatizantes, y la obediencia de los ciudadanos, sino también crear un culpable –histórico o actual– de los desaciertos gubernamentales en ejercicio, bajo distintas tipologías de falacias argumentales, con el fin de distraer la atención y alejarse de la culpa directa de las cuestiones que afecten a sus seguidores"[19].

Un comentario adicional a esta caracterización de las

---

[19] Romero, Luis Miguel. Op. cit.

fases o etapas en la construcción histórica del Estado populista, que hace el autor citado, es relativo al liderazgo carismático que personifica la mística y la propuesta de transformación del líder populista, y que termina convirtiéndose en un factótum del nuevo orden, intocable y todopoderoso. Al respecto, Blanca Deusdad[20], destaca una dimensión importante en el concepto del carisma, dimensión que explicaría parte del efecto de popularidad extrema que los líderes carismáticos tienen sobre la masa de sus seguidores y es el hecho de que el carisma se percibe y se construye a partir del otro, es decir, que existe en cuanto el otro lo percibe y cree; por lo tanto, el carisma no se percibe igual para todos, pues no es real en un sentido objetivo pues su naturaleza subjetiva lo hace acomodarse al estado psicológico y emocional del que percibe.

---

[20] Deusdad, Blanca. El concepto de liderazgo político carismático: populismo e identidades. Opción, año 19, no 41 (2003): 9-35 ISSN 1012 – 1587 Retrieved from. https://www.researchgate.net/publication/26420828_El_concepto _de_liderazgo_politico_carismatico_Populismo_e_identidades.

Esta naturaleza subjetiva del carisma, permite incorporar otro componente importante en la gestación de la conducta irracional de los seguidores ante la figura y palabras del líder: el inconsciente colectivo, que irrumpe en el anonimato de las masas y lleva a los individuos a que actúen bajo la sugestión de las imágenes extraordinarias que se tienen del líder, y que a su vez se convierte en un factor de contagio a los demás, creándose así el estado emocional colectivo propio de las muchedumbres y movimientos de masas.

El carisma, además, se descompone en dos partes, por un lado, la actuación del personaje como dirigente político y sus promesas electorales y discursos ante un electorado que lo aclama, y por el otro, lo propio de su bagaje histórico, su historia personal y los referentes políticos e históricos de su experiencia personalísima ---el "yo y mi circunstancia" de Ortega y Gasset, en el que se integra el yo individual de cada quien, más las circunstancias que median en su vida y que lo influyen y alteran y terminan siendo parte del mismo, experiencias y vidas que se incorporan.

Finalmente, en lo relativo a la dimensión económica del populismo, las políticas macroeconómicas que se promueven para ganar las elecciones y mantener contento al electorado, y que implican el destino de cuantiosos recursos a programas sociales, que se utilizan además, como parte del esfuerzo propagandístico del régimen, y por otra, como un esfuerzo en el desarrollo de lealtades hacia el movimiento, y hacia sus líderes, por parte de los ciudadanos que reciben esa dadiva, en búsqueda de un electorado fiel que cada vez que salga a las urnas, vote por aquel que los ha beneficiado con esos apoyos.

Hay que mencionar también que estas políticas de gasto excesivo que promueve el Estado populista, llevan a la larga a niveles de gasto insostenibles que terminan siempre en la necesidad de medidas y políticas de ajuste y sus consecuentes efectos en los ciclos económicos, atrayendo desaceleraciones de los sistemas, al detenerse la inversión, y particularmente la inflación, que lleva al incremento del circulante y a la devaluación de la moneda.

Capítulo 3

El Caso de México: Escenarios Histórico - Políticos

A. La vida y desarrollo de México: el camino a la estabilidad.

Aconseja Enrique Krauze,[21] ir a Joaquín García Villegas para entender la cabal naturaleza del sistema político mexicano, sistema que el mismo autor a quien se aconseja acudir, parece identificar con dos de sus notas cruciales: "entendimiento oscuro, clara originalidad", como lo hace al nombrar el primero de los capítulos de su obra y que se refiere

---

[21] Krauze, Enrique. Por una democracia sin adjetivos. Retrieved from https://sistemapoliticomexico.files.wordpress.com/2012/11/enrique-krauze-dmocracia_sin_adjetivos.pdf

al poco entendimiento que existía en su tiempo acerca de la naturaleza y alcances del sistema político mexicano y a la originalidad de su creativa estructuración histórica, que termina siendo considerado en el mundo de los analistas en la materia, como un sistema funcionalmente perfecto, para el ejercicio del poder.

La fórmula a que se refiere Krauze, válida para el entendimiento del sistema político mexicano, es lo que García Villegas llama: "la democracia por el agravio", concepto que explica diciendo: "Nosotros, ni predestinados a la democracia como Estados Unidos, ni con el genio creador teórico de Francia ni con la paciencia inglesa que acumula infinitas pequeñas experiencias para aprovecharlas, hemos alimentado nuestra marcha democrática bastante más con la explosión intermitente del agravio insatisfecho que con el arrebol de la fe en una idea o teoría, lo cual, por si solo ha hecho de nuestra vida política agitada y violenta, y nuestro progreso oscilante, con avances profundos seguidos de postraciones al parecer inexplicables".[22]

La referencia implícita en estas palabras, a la historia violenta y sediciosa del México revolucionario, que por mucho tiempo hizo aparecer al sistema político, como una historia que camina entre levantamientos, sediciones y armisticios --- formula bronca, no civilizada, de la transición política, que lleva de un régimen a otro, entre raptos y explosiones de violencia y que en términos populares suelen ser mejor descritos como el "¡quítate tú, para ponerme yo!".

El camino a la estabilidad política y económica de México, y al estado de orden civilizado que se observe prevaleciendo en sus instituciones, es históricamente descrito por García Villegas en los

---

[22] Citado en Krauze, Enrique. Op. cit. pág. 5.
https://sistemapoliticomexico.files.wordpress.com/2012/11/enrique-krauze-dmocracia_sin_adjetivos.pdf

siguientes términos[23]:

"México, que vive en frecuentes convulsiones durante los primeros sesenta años de su vida independiente, goza de treinta y tres de paz y estabilidad durante el régimen porfiriano; pero en 1910 vuelve a las andadas del levantamiento militar y de la revolución, que solo concluyen en 1929. De entonces acá, ha dado un espectáculo sorprendente de siete sucesiones presidenciales hechas pacíficamente, y una vida pública en que no ha habido una conmoción perceptible hasta 1968 y después en 1971, en ocasión de la rebeldía estudiantil. A esa situación de inusitada tranquilidad pública, ha añadido desde hace treinta años de estabilidad política un progreso económico sin paralelo en toda su historia anterior. Estos dos hechos: gran estabilidad politica y un señalado

---

[23] Cosío Villegas, Daniel. El sistema político mexicano. Las posibilidades de cambio. México 1974. Editorial Joaquín Mortiz, S.A., págs. 20 y 21. https://docs.google.com/file/d/0B00RWPOt71AnUXltSzh0MmllYk0/pr eview

avance material, cobran todavía una singularidad mayor si se piensa en la agitación aparentemente inexplicable en que viven los otros paises latinoamericanos y en su progreso económico siempre inferior al mexicano, a excepción del muy reciente de Brasil. Es más, la comparación sigue siendo favorable a México si se extiende a todos los países llamados subdesarrollados"[24].

"La singularidad notable, en si misma, de esta estabilidad política y de semejante progreso económico ---añade--- crece si se reflexiona que México lo ha conseguido sin acudir a ninguna de las dos fórmulas políticas consagradas: la dictadura o la democracia occidental. Es obvio que no ha sido gobernado dictatorialmente durante los últimos treinta años, y menos obvio, pero comprobable, que si bien la Constitución de 1917 le dio una organización político democrática, muy a lo occidental (o, si se

https://docs.google.com/file/d/0B00RWPOt71AnUXltSzh0MmllYk0/preview

quiere, muy a la norteamericana), el poder para decidir no reside en los organos formales de gobierno prescritos por la Constitución, digamos los cuerpos legislativos y municipales. Es tambien comproobable que la independencia de los poderes legislativo y judicial respecto del ejecutivo es mucho menor que en una verdadera democracia y es asi mismo signo de una organización democrática impura o sui generis, la importancia de un partido politico oficial o semi-oficial, no único, pero si abrumadoramente predominante".

"Por eso se ha concluido que las dos piezas principales y características del sistema político mexicano son un poder ejecutivo ---o, más bien, una presidencia de la República--- con facultades de una amplitud excepcional y un partido político oficial predominante".

Si bien estas descripciones pintan en forma

adecuada los inicios del sistema político mexicano, en los años de la post revolución hasta la primera década de nuestro siglo, su evolucion historica es tambien un capitulo fascinante.

B. Etapas en el desarrollo del sistema politico mexicano.

Suelen dividirse las etapas en el desarrollo del sistema politico mexicano en tres distintos bloques historicos, correspondientes a un grupo de administraciones que se juzga comparten ciertos rasgos estructurales distintivos, tal como se citan a continuación:

1º Etapa de gestación y consolidación que se manifiesta durante las administraciones de Plutarco Elías Calles (1924-1928), Lázaro Cárdenas (1934-1940), Manuel Avila Camacho (1940-1946) y Miguel

3. El fracaso de las politicas economicas de corte neoliberal implementadas por Miguel de la Madrid y su manifiesto rechazo popular.

4. La manifestacion en el pais, de una tendencia hacia la regionalizacion del voto, en donde el voto ciudadano se muestra con preferencias hacia alguno de los partidos politicos, en donde se muestra un claro dominio del Cardenismo en el centro del pais (Michoacán, Estado de México y Distrito Federal), y otra tendencia, que muestra la preferencia por el Partido Accion Nacional, que se da en el norte del pais (Baja California, Chihuahua y Nuevo Leon), y que exige medidas de redistritacion y recomposicion de las zonas y distritos electorales, y,

5. El creciente interes y participacion de los ciudadanos, en los procesos electorales, que demandan democracia y elecciones libres y que lleva a los resultados electorales consecuentes que dan el triunfo

a la oposicion, como ocurre en Chihuahua y en Baja California, con el triunfo del Partido Accion Nacional, en 1986 y 1989.

C. La reforma politica del sistema y el cambio estructural.

La reforma politica, que se desata en el sistema politico mexicano, tras estas manifestaciones de malestar, llevan al sistema "de un régimen históricamente no democrático, a uno con mecanismos que permiten participación ciudadana, competencia político-electoral y un pluralismo moderado excluyente en tres partidos predominantes"[25]; proceso complejo que se da a

---

[25] Navarrete Vela, Juan Pablo. (2008), Sistema político mexicano: desarrollo y reacomodo del poder. Iberoforum Revista electrónica del Departamento de Ciencias Sociales y Políticas Año III, No 6. Julio- diciembre de 2008. Juan Pablo

traves de dos reformas politicas trascendentales: la de 1977, cuando se promulga la Ley Federal de Organizaciones Politicas y Procedimientos Electorales (LOPPE), y la reforma de 1986, tras la crisis insitucional representada por el fenomeno Colossio y la apertura y liberalizacion del sistema que este representaba, y que impulsa mayores y mas profundos intentos de reforma y transformacion del sistema politico electoral.

La Ley Federal de Organizaciones Politicas y Procedimientos Electorales (LOPPE), establece en forma destacada, tres aspectos cruciales de la reforma que se busca:

1) El reconocimiento de las organizaciones políticas clandestinas, como organismos con posibilidad legal de acceso a la participación política, y que en teoria

---

Navarrete Vela. Pp. 131-148 Universidad Iberoamericana A.C., Ciudad de México. www.uia/iberoforum. https://ibero.mx/iberoforum/6/pdf/juann.pdf.

estimulaba a los lideres del episodio del 68, a su posible integracion en la vida institucional democratica.

2) El reconocimiento de los partidos políticos como entidades de interes público y como tales, acreedores al financiamiento publico de sus campanas y procesos.

3) La reforma al sistema de representación que lleva a la incorporacion de los partidos minoritarios en el ejercicio del poder legislativo, a traves de la figura de la representacion proporcional o de mayoria relativa.

A partir de alli, el sistema politico mexicano fue dando tumbos de una reforma a otra, con el natural deterioro de dos de sus notas esenciales que son su razon de ser: el monopolio del poder politico en el PRI y la institucionalidad de la figura del Presidente de la republica, pues habiendose perdido el monopolio del poder, y todos sus frutos como la eterna fuente del empleo seguro y sobretodo la impunidad que siempre ofrecia, se llego a un estado de cosas en donde todo se hizo posible, dandose por primera ocasión la quiebra de la disciplina partidista, las rebeldias y hasta la fuga de sus militantes a otros partidos.

En lo episodico, habria que destacar, por su señalada importancia, en lo episódico, habría que mencionar el escenario electoral de 1988, cuando el sistema se vio precisado a recurrir al antidemocratico recurso de "la caida del sistema", triste alegato historicamente asociado al fraude electoral, con el que Manuel Bartlett (Secretario de Gobernación), pretendía justificar la suspensión del conteo de votos, en momentos en el que se daba una aparente ventaja a Cuauhtémoc Cárdenas. Tras el cuestionado proceso ---en donde el propio gobierno es quien organiza, cuenta y decide el resultado[26]---, los resultados declararon vencedor a Carlos Salinas de

---

[26] La Comisión Federal Electoral (CFE), cuyo titular era Manuel Bartlett, entonces Secretario de Gobernación, fue el organismo responsable del recuento de votos que decidió el triunfo de Salinas de Gortari.

Gortari con el 50.36 por ciento de los votos.

Este episodio, tendría serias repercusiones de fondo en el sistema politico mexicano, pues mostraba con crudeza el error de esperar resultados honestos y confiables, de un proceso en el que el gobierno es quien organiza y valida las elecciones. La necesidad histórica de un proceso electoral verdaderamente democrático, era pues urgente. Era necesario arrebatar del gobierno, la responsabilidad en la conduccion de ese proceso, y otorgarlo a los propiosa ciudadanos, que como actores principales, sean quienes organicen y vigilen y validen los procesos y resultados electorales.

En este sentido, la reforma lleva a la creacion de un organismo ciudadano, responsable de la organización y operación de los procesos electorales, que surge historicamente con el nombre de Instituto Federal Electoral (IFE), organismo bajo cuya autoridad quedan las elecciones federales de México, es decir, las relacionadas con la elección del Presidente de México, Diputados Federales y Senadores que integran el Congreso de la Unión. Fue este organismo, la máxima autoridad administrativa en la materia electoral en los Estados Unidos Mexicanos en el periodo 1990-2014.

Para que se observe lo complejo que fue este proceso de cambio, y las dificultades de su operación y aceptación, se da cuenta del momento en el que, cuando en la Cámara de Diputados, en agosto del 2007, se acuerda remover a los consejeros electorales del IFE y ampliar las facultades de fiscalización, así como nuevas atribuciones en materia de radio y televisión, respecto a la propaganda electoral. Mas tarde, tras la reforma electoral impulsada por el presidente Peña Nieto, en 2014, el IFE es substituido por el Instituto Nacional Electoral (INE) como el organismo ciudadano responsable de las elecciones federales.

En las palabras de Mario Moya Palencia,
Secretario de gobernación en el régimen de López
Portillo (1976-1982), y figura clave en la conformación
de la reforma política que se gestaba, "la reforma no
es un acto, sino una secuela"[27]. Fue efctivamente una
cadena de transformaciones que le siguieron, que asi
como la gota que en forma repetida cae en la piedra,
termina por horadarla, así la reforma introducida
termino por transformarlo de tal manera que como
resultado, terminó con la hegemonia historica del
PRI, como fuerza politica dominante, e hizo posible la
llegada al poder de otras fuerzas politicas.

D. Las caídas del sistema y primeros brotes de su
fin histórico.

La primera derrota electoral del PRI ocurre en

---

[27] Moya Palencia, Mario. Citado en Capítulo VI El sistema
político mexicano y el cambio institucionalizado, Pp. 186-187
retrieved   de
file:///C:/Users/sergi/OneDrive/Documentos/TALLER%20ANALIS
IS%20POLITICO/LECTURAS%20TALLER/EL%20SISTEMA%2
0POLITICO%20MEXICANO%20Y%20EL%20CAMBIO.pdf

el año 2000, cuando se da la primera victoria electoral de trascendencia del Partido Accion Nacional, que declara como triunfador a su candidato Vicente Fox Quezada, con el 74.8 porciento de los votos, contra el 21 por ciento obtenidos por Francisco Labastida Ochoa, candidato del PRI, hecho inusitado que la prensa destacó en sus paginas centrales, y a ocho columnas, con el encabezado que decia: "El triunfo de Vicente Fox en Mexico pone fin a 71 años de gobierno del PRI"[28].

Intérprete fiel del momento histórico, Vicente Fox hizo un llamado inmediato a la colaboración bajo la promesa de un gobierno "plural e independiente", llamado al que el presidente Ernesto Zedillo, protagonista y responsable de la imparcialidad y la limpieza del proceso, reconoció públicamente la victoria de Fox, aceptando la derrota del PRI, y ofreciendo "una entrega transparente, pulcra y eficaz

---

[28]https://www.eluniversal.com.mx/colaboracion/mochilazo-en-el-tiempo/nacion/sociedad/el-dia-en-que-se-cayo-el-sistema-y-gano-salinas2.com/diario/2003/02/24/portada/1046041210_850215.

de la administración federal" a Vicente Fox.

El interés periodístico por el trascendental hecho, llevo al posteo de múltiples comentarios y observaciones adicionales que ayudaban a mantener en alto la popularidad del candidato ganador y a denostar, como un hecho insuperable, la derrota del PRI. Una muestra de ellos es el comentario del periódico nacional el País, publicado en 2003, en el que se lee:

"La llamada transición política mexicana se desarrolla, antes que nada, bajo el signo de lo inédito. La increíble longevidad del antiguo régimen condenó fatalmente la memoria ciudadana de todo un país: los mexicanos, a lo largo de setenta años, nunca conocieron de primera mano la alternancia en el poder. El Partido Nacional Revolucionario, creado por los caudillos sobrevivientes de la revolución mexicana para consolidar legalmente su estancia en el poder, se convirtió muy pronto en una muy eficaz estructura hegemónica de gobierno que luego se transformaría en el actual Partido Revolucionario Institucional (PRI). Durante décadas enteras, el PRI impuso su sello a la vida política nacional. Fueron tiempos de una curiosa estabilidad en las que el partido, beneficiado por sus mecanismos de control corporativo y sus prácticas clientelistas, no necesitaba siquiera recurrir al fraude electoral para mantenerse en el poder"[29].

Y añadía: "Dentro de ese escenario y bajo tales condiciones apareció Vicente Fox, miembro del Partido Acción Nacional (PAN), una figura que aportó al ámbito político una frescura nunca vista. Desde el comienzo de su campaña, hace tres años, se presentó con su carisma, su desparpajo y su florido lenguaje como el candidato del *anti-establishment.* Incorrecto y de discurso atrabiliario, Fox logró captar y cautivar el imaginario colectivo mexicano del cambio. Su candidatura se benefició además del natural agotamiento del sistema político y, sobre todo, del enfado con el PRI. En un principio, Fox intentó

---

[29] Edición impresa publicada el 24 de febrero de 2003. Retrieved de https://elpais.com/diario/2003/02/24/portada/1046041210_850215.

pactar un acuerdo con el Partido de la Revolución Democrática (PRD), de centro izquierda, para conformar un frente común. El argumento para la alianza era sencillo: sólo la suma de los votos del PAN y del PRD podría vencer al PRI. La alianza, sin embargo, no fructificó. A partir de ahí, Fox decidió cambiar la estrategia y hacer un llamado al *voto útil* de los mexicanos. Tuvo éxito. Se estima que cinco de los doce millones de votos obtenidos por Fox llegaron procedentes del PRD. La molestia contra el PRI era tan grande que los electores se dejaron atrás ideologías y proyectos de nación distintos. Los ciudadanos votaron por el único candidato que, en su percepción, podía lograr el cambio.

Después de algunas consideraciones en torno a la no mayoritaria representación del PAN en el Congreso y en el Senado, y lo complicado del proceso de sacar adelante las reformas buscadas por Fox, la nota concluía con estas proféticas palabras: "La verdadera transición mexicana tomará todavía algún tiempo".

Capítulo 4

El Nuevo Régimen: Desafío Organizacional

A. El personaje, la causa y el discurso.

La militancia política de Andrés Manuel López Obrador se ve fortalecida en 2005, con motivo del juicio de desafuero en su contra --- amago jurídico-político que lo dejaría fuera de la contienda electoral de 2006---, que da lugar a la movilización de miles de sus simpatizantes y la toma de las calles en el DF, y que obliga a la PGR a no ejercer la acción penal en su contra, hecho que catapulta su imagen y posicionamiento político en el país.

A partir de estas experiencias, que acumula en su bagaje político, y tomando ventaja de su apreciación en el imaginario popular como víctima del sistema, AMLO aparece de nueva cuenta en el escenario político-electoral de 2018, como candidato a la presidencia de la República. Ahora su estrategia presenta algunas variantes, una estrategia que más se acerca a un proyecto de guerra psico-política que, a un proyecto electoral a la usanza tradicional en el país, añadidos muchos de ellos de emulaciones e improvisaciones, hecho que hace pensar en la hipótesis de una mano que mece la cuna de un proyecto al que, es muy probable, se hayan sumado las aportaciones sapienciales de la elite populista que hoy reina en el continente.

En sus palabras, cuidadosamente seleccionadas, la propuesta es sencilla, tanto que se dice en tres líneas, pero su lenguaje es un lenguaje emocional que aspira a conmover: "Gobernar con el ejemplo, desterrar la corrupción, abolir la impunidad, actuar con austeridad y destinar lo que se ahorre a financiar el desarrollo del país"[30]. Su discurso es un discurso emotivo, que lo mismo acude a recuerdos de personajes de la vida política tabasqueña, a las citas de novelistas rusos como Tolstoi, o el iracundo discurso contra Carlos Salinas de Gortari o Vicente Fox, sabedor de que es el lenguaje que el pueblo entiende y convence.

En lo estratégico, el tema central es el tema de Andrés Manuel, "víctima del sistema". Existe un convencimiento de que su imagen del candidato burlado, en el imaginario popular, llevará a las gentes a darle su voto, cuando frente a las urnas decida, ahí, compensarlo y restituirlo. Este es el resultado que se busca en la estrategia: hacer realidad la frase compartida, que circula entre sus gentes, del "ahora es la buena", y lograr sentarlo finalmente en la

---

[30] López Obrador, Andrés Manuel. 2018. La salida. Editorial Planeta. México 2018. Pág.4. Versión en línea: http://morenachiapas.si/wp-content/uploads/2017/04/2018-La-salida.pdf.

presidencial, dos veces arrebatada.

La operación de "victimización" emprendida para despertar la empatía de los ciudadanos, termina descomponiéndose en dos resultados naturales del argumento. En un primer momento, se logra la condena pública del sistema político que hizo víctima al personaje, al que se sataniza y denigra, al mismo tiempo que se acepta al otro, al personaje, como la víctima burlada. La misma mecánica psicosocial del proceso facilita la generación de este pensamiento pues la historia que se cuenta ---la leyenda---, es aderezada al gusto de quien la transmite y, los detalles inconscientemente exagerados, todo con tal que el personaje sea percibido como víctima. En un segundo momento, se despierta la empatía de las gentes con el ultrajado, personaje hacia quien las gentes se sienten obligadas de responder a cambio, con muestras de afecto y apoyo, y de votos.

En lo ideológico, aunque en lo personal, AMLO

es a todas luces un político pragmático, su pensamiento en este terreno se liga a una tendencia de izquierda, tipo democracia social o socialismo, que se mezcla a nociones históricas de la época de Juárez y la Reforma, en las que se perfila un estilo de gobernar un poco gitano, un poco oportunista, del que centra su atención solo en aquello que es compatible a sus concepciones e ideas, nociones históricas que rescata para aplicar a la diferenciación de los ciudadanos.

Su recurrente calificación de personajes, o eventos, con nombres que señalan y distinguen, para arrinconarlos en la esquina de los apestados, y colocarlos en el imaginario como eventos o personajes de una categoría social privilegiada, que protestan porque se ven afectados en sus intereses; categoría que cuida de contraponer, en un esquema de enfrentamiento dialectico, a la categoría de los "pobres", los "desheredados" de la fortuna, que son explotados por aquellos.

La estrategia que los analistas llaman "polarización de la sociedad", se observa como una constante en las manifestaciones históricas del populismo, una especie de patrón que le es característico a este sistema y que no es compartido por otro tipo de concepciones. La estrategia permite enfrentar cualquier brote de descontento, o resistencia, pues la fragmentación creada de los ciudadanos, facilita al sistema rechazar los actos de resistencia, aunque se trate de reclamos legítimos, como conductas de quienes se han visto afectados en sus privilegios e intereses. Se trata de una maniobra de engaño que legitima la marginación de algunos sectores de la población, maniobra idealizada en esa apología de la mentira y del engaño que es la obra de Robert Greene "Las 48 leyes del poder"[31], en cuyo texto se aconseja (3a ley del

---

[31] Greene, Robert. Las 48 leyes del poder / Robert Greene y Joost Elffers. Buenos Aires: Atlántida, 2010. ISBN 978-950-08-3768-2 Retrieved from. www.elartedelaestrategia.com/Las-48-leyes-del-poder.pdf

poder): "No debemos revelar nunca el objetivo detrás de nuestras acciones para mantener a la gente desconcertada y desinformada. Si no tienen ni idea de cuáles son nuestras intenciones, no pueden preparar una defensa. Hay que llevarles lo bastante lejos por el camino equivocado, envolverlos en humo, y para cuando se den cuenta de lo que nos proponemos será demasiado tarde".

El "camino equivocado" a que se alude, es el camino al que se intenta llevar a la sociedad mexicana de esta manera, el humo de la dadiva que se otorga a los "desamparados", dadiva que entusiasma a los que la reciben, aunque luego, al darse cuenta de que es solo algo insignificante, tienen la sensación de haber sido usados, explotados. Una joven en el Distrito Federal ---de la propia experiencia de los autores---, comentaba de su experiencia de participación en uno de estos programas: "Me sentí como esos personajes de las películas americanas, que hacen fila para recibir la ayuda del desempleo, que les da el gobierno, y que luego se muestran como engañados, frustrados, arrancada de un tajo su dignidad".

Este populismo de izquierdismo ideológico, que se manifiesta en el discurso político de AMLO, puede ser rastreado a sus libros, y en forma particular al libro de "2018, la salida. Decadencia y renacimiento de México" (2018), en donde esboza las notas ideológicas y estratégicas de su gobierno, particularmente su rechazo a la privatización y su corolario, la inversión pública en proyectos propios de una agenda colectivista.

La causa que se enarbola es la misma de Francisco J. Mujica, el político tabasqueño ídolo de AMLO, o la causa de Juárez, en el México de la Reforma, finalmente es la lucha contra un sistema que privilegia el interés privado sobre el interés colectivo, el modelo populista que rechaza, como su antítesis, el modelo neoliberal de Carlos Salinas de Gortari, o de Enrique Peña Nieto, sistema político económico al que llama "catálogo de normas y mantras para repetir hasta el cansancio que las privatizaciones son la panacea; la solución única y perfecta a todos los problemas económicos y sociales del país"[32].

B. La 4ª transformación.

La estrategia de la cuarta transformación pretende ubicar a López Obrador en el nicho histórico del personaje de nuestros tiempos, estrategia que obliga a crear el concepto de "la 4ª Transformación", como la construcción de una nueva etapa heroica en la historia, que daría continuidad a la lucha del pueblo mexicano a través de su historia.

---

[32] López Obrador, Andrés Manuel (2018). 2018. La salida. Decadencia y renacimiento de México. Publicado en línea por http://morenachiapas.si/wp-content/uploads/2017/04/2018-La-salida.pdf.

En el constructo histórico-ideológico de la 4ª Transformación, AMLO es el héroe que da continuidad a esa línea histórica, y el movimiento social y político que encabeza, una transformación trascendental en la historia del país. "La Cuarta transformación", mito político-histórico que sitúa al personaje en el contexto superior de la historia nacional y a su lucha, una causa altruista, libertadora.

Los mitos son (cosas) "fabricadas por artífices muy expertos y habilidosos. Le ha tocado al siglo XX nuestra gran época técnica, desarrollar una nueva técnica del mito. Como consecuencia de ello, los mitos pueden ser manufacturados en el mismo sentido y según los mismos métodos que cualquier otra arma moderna, igual que ametralladoras y cañones. Esto es una cosa nueva, y una cosa de importancia decisiva. Ha mudado la forma entera de nuestra vida social"[33].

El rescate de la historia, que hace la Cuarta Transformación, es igualmente parte de ese pragmatismo político que caracteriza a Andrés Manuel. "También en política se descubre que todas las edades tienen la misma estructura fundamental. El que conoce una edad las conoce todas. El político que se enfrenta a un problema concreto y efectivo puede encontrar siempre en la historia un caso análogo, y obtener de dicha analogía el curso conveniente de su acción. El conocimiento del pasado es una guía segura; quien ha logrado tener una visión clara de los acontecimientos del pasado, sabrá cómo entendérselas con los problemas del presente y cómo disponer el futuro. No hay, por consiguiente, mayor peligro para un príncipe que descuidar los ejemplos de la historia. La historia es la clave de la política"[34].

---

[33] Cassirer, Ernst. El mito del Estado. Pp.334-335
[34] Cassirer, Ernst. Op. cit. pp. 185-186.

C. Morena y el desafío organizacional.

Es probable que, en la construcción de su régimen, y su deseo inconfesable de perpetuarlo, Andrés Manuel haya pensado más de una vez en la necesidad estratégica de contar con un partido político fuerte para su gran proyecto histórico. Quizás, leyó alguna vez a García Villegas, y la fórmula por el descrita para la estabilidad económica y política de los sistemas, tal como él lo descubrió en la longevidad y estabilidad del sistema político mexicano, y que resume en una afortunada mezcla "presidencialismo" y "partido dominante", tal como lo describen sus magistrales palabras: "…las dos piezas principales y características del sistema político mexicano son un poder ejecutivo ---o más específicamente una presidencia de la República--- con facultades de una amplitud excepcional, y un partido político oficial predominante"[35].

La pretensión es convertir a Morena ---el partido "que nos dio la oportunidad de llevar a cabo la Cuarta Transformación"[36]---, en ese partido político oficial, no único, pero dominante, que permita a Andrés Manuel mantener su ejercicio presidencial incuestionable y su marcha a futuros escenarios. Volver a la formula exitosa del partido-Estado es una buena y práctica lectura de la historia. "La perspectiva histórica del presidente tabasqueño pertenece al régimen antiguo de historicidad dentro del cual la historia desempeña el papel de maestra de la vida, proveyendo de ejemplos del pasado a los hombres del presente para iluminar sus decisiones.

---

[35] Daniel Cosío Villegas. El sistema político mexicano. Las posibilidades de cambio. México 1974. Editorial Joaquín Mortiz, S.A., pág. 21. https://docs.google.com/file/d/0B00RWPOt71AnUXltSzh0MmllYk 0/preview.

[36] López Obrador, Andrés Manuel. AMLO se aleja de Morena por conflictos: ya pidió licencia como militante. Reporte Nivel Uno. 29 de octubre de 2019. https://reporteniveluno.mx/2019/10/29/amlo-se-aleja-de-morena-ya-pidio-licencia-como-militante/

Esto es posible porque, de acuerdo con esta concepción, la historia se repite, aunque obviamente no como una copia idéntica de la precedente. En función de eso, conocerla al detalle no es una práctica ociosa sino un insumo indispensable de las decisiones correctas del *homo politicus*. Así la concibe López Obrador"[37].

Es esta también, obviamente, la intención de perpetuar en una de las salas de la presidencia, los nombres, imágenes y acciones de sus héroes personales: "Adentro de la sala están nuestros héroes de las tres transformaciones, y en un muro -un día les voy a invitar cuando la inauguremos- vamos a tener a Valentín Campa, va a estar Othón Salazar, Demetrio Vallejo, Heberto Castillo, el doctor Nava y otros, los que en los últimos tiempos lucharon por la justicia, por la democracia y que ayudaron a que se lograra esta Cuarta Transformación o se

---

[37] Illades, Carlos. La historia maestra de la vida. Revista común. 30 de junio de 2019. Revistacomun.com
https://www.revistacomun.com/blog/la-historia-maestra-de-la-vida

iniciara o comenzáramos con esta Cuarta Transformación"[38].

El nuevo partido político que lo acompaña --- MORENA---, es una creación suya, maquinaria político electoral que se adapta y ajusta a las necesidades de su fundador, y dirigente incuestionado, y cuyo propósito central es, para usar algunas de sus frases, "el rescate del sistema político mexicano de manos de la mafia que ha dominado la vida política del país y su destino"[39].

El modelo, ya le es conocido, pues "el modelo del partido-movimiento fue aplicado por López Obrador en el PRD en Tabasco, siendo su presidente y dos veces candidato a gobernador, y cuando lo

---

[38] López Obrador, Andrés Manuel. Versión estenográfica de la conferencia de prensa matutina del presidente Andrés Manuel López Obrador. Sept. 13, 2019. Versión en línea lopezobrador.org.mx

[39] López Obrador, Andrés Manuel. 2018. La salida. Editorial Reforma. México 2018. http://morenachiapas.si/wp-content/uploads/2017/04/2018-La-salida.pdf.

presidió a nivel nacional (1996-1999), el periodo en el que obtuvo la mayor votación en su historia en elecciones intermedias, en 1997, y desplazó al tercer lugar al PAN de Felipe Calderón, como en las elecciones de este año"[40].

Este modelo de "partido-movimiento", ofrece grandes ventajas a Andrés Manuel, pues le permite al mismo tiempo contar con las prerrogativas de un partido político ---recursos y legitimidad, sobre todo---, y pone en sus manos, además, el movimiento de masas necesario para la puesta en marcha de protestas y movilizaciones, como lo hizo ya en Tabasco contra Pemex y sus instalaciones, durante sus aventuras políticas en ese Estado.

Además, en el caso específico del Movimiento

---

[40]https://www.proceso.com.mx/319489/morena-partido-y-movimiento.

de Regeneración Nacional (MORENA), la estrategia pone a su alcance la posibilidad del uso simbólico de sus siglas ---que evocan la tradicional imagen por siglos venerada por los mexicanos---, y las múltiples posibilidades de su uso en las campañas, en el terreno de los hechos, cuando se visitan casas, se camina por los barrios y se interactúa en forma personal con los ciudadanos.

Así, también, se utiliza el calificativo de Morena, como movimiento de "regeneración nacional", para atraer al discurso de la campaña de Andrés Manuel, el argumento central de su discurso: "gobernar con el ejemplo, desterrar la corrupción, abolir la impunidad, actuar con austeridad y destinar todo lo que se ahorre a financiar el desarrollo del país"[41].

Pero Morena, ahora enfrenta un primer escollo, la

---

[41] López Obrador, Andrés Manuel, 2018 La Salida. Editorial Planeta. Introducción p. 1

renovación de su dirigencia ---durante el mes de noviembre de 2019---, pues el Estatuto de Morena exige llevar a cabo un proceso en el que los nuevos cuadros que la dirijan sean electos. Un evento ciertamente trascendental, pues será esa nueva dirigencia quien mueva a Morena, la mayor parte del sexenio de AMLO y sea factor para considerar en sus decisiones. Un proceso que, por las vísperas, se entiende que será un proceso controvertido con los consecuentes daños colaterales en el movimiento, tanto que el propio AMLO, líder natural del mismo, tuvo que renunciar a su militancia para evitar ser inmiscuido en el manejo de este importante proceso.

Y aquí se inicia el calvario de Morena, "el partido esperanza de..." AMLO, en su propósito de permanencia histórica, cuando el partido enfrenta el problema del desafío organizacional que amenaza su continuidad, tras la ausencia del líder, aunque sea solo circunstancial, pues ajenos al carisma del líder, los militantes, muchos de ellos cercanos y amigos, se trenzan en una lucha sin cuartel para hacerse del poder de mando en el partido. La lucha si desatada por la ambición, de adueñarse de Morena, genera el divisionismo y se acentúa el conflicto ideológico purista entre las diversas fuerzas allí aglomeradas.

Max Weber[42] ha descrito en detalle este problema de crisis que enfrentan los movimientos guiados por líderes carismáticos, y que, en el mejor de los casos, en aras a la continuidad terminan por acogerse a reglas y procedimientos, en un proceso que Weber llama de "rutinización" del carisma, y que resulta en una organización estructurada, burocrática, sujeta a normas y procedimientos, y en la cual los procesos de sucesión son claramente establecidos bajo esas normas.

Morena esta pues envuelta en un proceso delicado de su corta historia. La resolución del Tribunal Electoral, que se antoja ordenada por AMLO

---

[42]   Weber,   Max.   (1921).   Economía   y   sociedad. https://www.biblioteca.org.ar/libros/131823.pdf

mismo, para evitar el caos en la organización, y que declara la nulidad de cualquier proceso interno hasta que se audite y limpie el padrón electoral de Morena, no es ni el punto de cierre del conflicto por las investiduras de Morena, ni el punto final en la lucha por prevalecer que se da en su seno. Los liderazgos naturales, que se integraron a la propuesta de AMLO y que fueron llevados a Morena, como liderazgos informales que se muestran en los barrios o en las colonias, sindicatos o grupos ciudadanos, seguramente le seguirán las causas a esta decisión que los margina, y que abre las puertas a los candidatos oficiales que cuentan con la bendición para ello del propio AMLO.

Pero no termina aquí la lucha por el control de Morena, porque los militantes, AMLO, incluido, están sujetos a las reglas del propio juego democrático, en donde nadie está por encima o fuera de la Ley, aún tienen un mundo de alternativas por hacer para enfrentar esta decisión, no solo los recursos jurídicos a su alcance, sino la fuerza política entre las filas de sus agremiados que existían antes de la aparición de Morena, donde las amenazas de AMLO salen sobrando y donde seguramente su figura de ejemplo de la libertad y la democracia será en adelante visto como una broma pesada.

Las diversas fuerzas de izquierda, llevadas a enrolarse bajo las filas de Morena, buscando unificarlas en "un proyecto alternativo de nación", que en lo ideológico responde a las convicciones e ideales de esas fuerzas políticas, ahora tendrán motivo para recuperar su identidad, como lo mantuvo el PT, en esta aventura, y seguramente serán protagonistas en hechos futuros de lucha al interior del naciente partido político, por más que Morena haya previsto estos escenarios de lucha y conflicto, como lo hace en el Art. 3, inciso j, de sus Estatutos, en donde se establece como uno de sus fundamentos: "El rechazo a la práctica de la denostación o calumnia pública entre miembros o dirigentes de nuestra organización, práctica que suele ser inducida o auspiciada por nuestros adversarios con el propósito de debilitarnos o desprestigiarnos..."[43].

Un articulista de Excelsior, al examinar la cuestión de la lucha por las investiduras en Morena, destaca la ambición por el poder como la base de este conflicto: "Muchos analistas, viendo esto, han comparado a Morena con lo que pasaba con el Partido de la Revolución Democrática (PRD): gran cantidad de facciones (las famosas *tribus*) que nunca pudieron ponerse de acuerdo; se la pasaban peleándose entre ellos para repartirse las candidaturas y el dinero. Tienen razón quienes piensan así, pero con una diferencia: Morena, hoy, se parece al PRD, pero en esteroides. Y es que Morena tiene hoy mucho más poder de lo que tuvo el PRD en su mejor momento. Hoy es el partido más popular y votado. Cuando esto sucede, inevitablemente llegan más oportunistas a formarse. La ideología les vale un cuerno. Lo que quieren es pertenecer al partido y

---

[43] Estatuto de Morena. https://lopezobrador.org.mx/wp-content/uploads/2013/02/Estatuto-de-MORENA.pdf

controlar sus organizaciones para obtener *huesos*. Así es la política[44].

El pragmatismo evidente del proyecto de unificación que buscaba superar las diferencias ideológicas de esos grupos, ofreciéndoles la oportunidad histórica de luchar por la "hegemonía", queda ahora atrás. El "ahora" es el recurso manotazo de AMLO, para detener cualquier proceso que legitime una estructura de autoridad en Morena, que amenace su primordialidad, hecho que dada la naturaleza de los motivos puristas que los mueven, seguramente darán su respuesta de colisión y lucha en el futuro.

El momento es delicado, y el riesgo de una

---

[44] Zuckerman Ordaz Diaz, Arturo. México al borde de la recesión sin un impulso al crecimiento: IDIC. Revista Forbes. Octubre 25, 2019, Leo. Juegos de poder. Morena: ¿cómo el PRD o como el PRI? Excelsior 10/30/19.

desbandada, tras la pérdida del liderazgo moral que decía encabezar, es también un resultado difícil, que amenaza la continuidad del mito de la 4ª Transformación y del propio AMLO en el futuro.

D. La realidad de los malditos hechos que no encajan.

Para que el mito populista de la 4ª Transformación, sea tomado en serio por los ciudadanos, y no ser visto solo como chunga, sus constructores necesitan transmitir con hechos la imagen de los logros, de avances importantes, de datos y hechos que muestren la buena marcha del país, lo boyante de la economía, las inversiones; solo así podría justificarse su concepto y su despropósito por instaurar una nueva era, de brillo y tintes dramáticos, solo que la realidad de los hechos, los datos duros que se muestran en el estado de resultados de su gestión, para nada apoyan tal propósito, sino que, al contrario muestran desde inicio el fracaso de AMLO en esta materia, donde la economía está en estos momentos parada "por falta de confianza".

Datos de la encuesta levantada en el mes de septiembre, por el Banco de México, entre analistas especializados, indican que "sólo tres de cada cien analistas piensan que este es un buen momento para invertir en México". La causa, según la encuesta, se centra en "la calidad del gobierno ('gobernanza') [45].

Otras manifestaciones de la realidad revanchista, que impide la aceptación del mito entre la gente, es la tendencia recesiva de la economía mexicana, y que está a un paso de volverse una recesión formal en los próximos meses, de no desarrollarse programas de

---

[45] Hiriart, Pablo. Opinión. Cuesta abajo y el piloto va encantado. El financiero. 1/11/19.

impulso al crecimiento en este sector. "La actividad económica está señalando una tendencia recesiva, y de no existir cambios en próximos meses, formalmente sin mucho debate se va a tener que aceptar que la economía mexicana está en recesión"[46].

La caída del sector de la construcción, los especialistas explican, se debe principalmente a tres aspectos: "el recorte presupuestal que hizo el gobierno en materia de inversión física, al debilitamiento que ya presentaba este sector desde los últimos siete años, así como el freno a la inversión debido a la incertidumbre que generó la actual administración por algunas decisiones"[47].

Otros datos, son los que se observan en el

---

[46] Ordaz Diaz, Arturo. México al borde de la recesión sin un impulso al crecimiento: IDIC. Revista Forbes. Octubre 25, 2019.
[47] Ordaz Diaz, Arturo. México al borde de la recesión sin un impulso al crecimiento: IDIC. Revista Forbes. Octubre 25, 2019.

Indicador Global de la Actividad Económica del INEGI, donde el crecimiento anual promedio, durante el sexenio de Andrés Manuel López Obrador (diciembre-agosto), ha sido el más bajo, si se compara con los últimos tres periodos. "Puesto que en lo que va de esta administración, el promedio ha sido de 0.1%, mientras con Enrique Peña Nieto fue de 1.6%, con Felipe Calderón de 2.3% y con Vicente Fox de 0.2%".[48]

Un dato más, significativo por cierto, es el que apunta el articulista Juan Ignacio Zavala[49], en el Financiero, en lo que llama "la marcha de la locura", pare referirse al fracasado operativo en Culiacán para la detención de Ovidio Guzmán, hijo del Chapo, y hoy dirigente del cartel de Sinaloa, herencia de su padre, en el que observa "se revelaron serios problemas en el gobierno lopezobradorista en materia de coordinación, planeación y ejecución, así como en la

---

[48] Ordaz Díaz, Arturo, Op. cit.
[49] Zavala, Juan Ignacio. El gobierno y la marcha de la locura. El Financiero, 25/10/2019

toma de decisiones en la cual el Presidente no atina a decirnos, a más de una semana de los hechos más violentos, en qué consistieron sus decisiones más allá de tratar de enmendar un error que ellos mismos cometieron".

Y explica lo de "la marcha de la locura", diciendo que se trata del nombre de un libro con ese nombre, en el que se afirma que, en los errores, que se repiten con frecuencia, a lo largo de la historia, se observa un patrón en ciertas conductas que se mezclan con estados emocionales de las personas, como la soberbia, la ambición, la incompetencia. "El gobierno de López Obrador ha entrado en el callejón oscuro de las decisiones difíciles y parece haber dejado atrás los días felices en que todo era la palabra presidencial"[50].

---

[50] Zavala, Juan Ignacio. El gobierno y la marcha de la locura. El Financiero, 25/10/2019

Y algunas de las observaciones que se hacen en el citado texto son en verdad indicativas del grave síndrome de error, que se muestra en el liderazgo de AMLO cuando toma decisiones en materias que desconoce en forma completa, y en donde solo se impone su criterio erróneo.

"La testarudez, fuente del autoengaño ---se lee en estas páginas---, es un factor que desempeña un papel notable en el gobierno. Consiste en evaluar una situación de acuerdo con ideas fijas preconcebidas, mientras se pasan por alto o se rechazan todas las ideas contrarias. Consiste en actuar de acuerdo con el deseo, sin permitir que nos desvíen de los hechos. Queda ejemplificada en la evaluación hecha por un historiador, acerca de Felipe II de España, el más testarudo de todos los soberanos: 'Ninguna experiencia del fracaso de su política pudo quebrantar su fe en su excelencia esencial'".

Y lo mismo podría decirse de AMLO, en estos momentos, aunque en este caso, no fue solo el fracaso del operativo, sino que tuvieron que ensuciar la imagen del oficial militar a cargo, para lavarse las manos, dando públicamente su nombre y rango, y el nombramiento o cargo que desempeña en el Ejercito, error que movió al expresidente de México, Felipe Calderón, a hacer responsable al propio AMLO de la seguridad del oficial a cargo del operativo Culiacán, y el de su familia, cuyo nombre fue revelado públicamente, opinión luego compartida por especialistas en seguridad, que destacan lo inédito del hecho, que rompe la tradición en las practicas militares, de mantener en el anonimato a los soldados, para evitar sean víctimas de represalias sangrientas por el narcotráfico[51].

---

[51] Ortiz, Alexis. Un error revelar nombre del coronel: expertos. El Universal 01/11/2019.
https://www.eluniversal.com.mx/nacion/seguridad/un-error-revelar-nombre-de-coronel-expertos.

Capítulo 5

Algunas Reflexiones, a Manera de Conclusión

Tras la revisión histórico-documental hecha en los capítulos previos, en relación con el régimen de Andrés Manuel López Obrador, en México, es necesario ahora destacar las tendencias características que se observan en su gestión, sea en su forma personal de entender y desarrollar su vida política, o ya sea en cuanto a los programas y políticas ensayadas y los resultados que en el contexto social se observan como respuesta a tales políticas públicas.

La primera consideración es relativa al método

seguido en el desarrollo del presente análisis, pues en el mismo se evocan las dos dimensiones que Bobbio[52] distingue, en el rol del analista histórico social en el desarrollo de su tarea como tal: la dimensión descriptiva, y la dimensión prescriptiva. La primera, la dimensión descriptiva del análisis, es aquella en la que se aportan observaciones de la realidad histórica, como materia de análisis o insumo en el proceso analítico que se emprende, y, por otro lado, la dimensión o rol prescriptivo del analista, en la que se busca aconsejar, sugerir, decidir. En lo descriptivo, el estudio materia de este documento, recopila y registra informaciones que proceden de una variedad de fuentes, entre los que prevalecen los de tipo documental, así como los eventos que son del dominio público, buscando encontrar en ellos, los temas que se repiten, o los asuntos más usuales, que se observan en el acto de gobernar de la presente administración. En el segundo aspecto, la intención ha sido no solo quedarse en la descripción de los

---

[52] Bobbio, Norberto. (2001). La teoría de las formas de gobierno en la historia del pensamiento político. Fondo de Cultura Económica. México. ISBN 968-16-6467-1

hechos y denunciar aquellos que se juzgan contrarios al bien común o simplemente al buen juicio, y sentido de las cosas, sino acompañando al análisis, con juicios de valor bajo cuya mirada los hechos observados pueden ser interpretados y calificados axiológicamente.

Una segunda consideración es con relación al problema de la aceptación que los análisis de temas político-sociales suelen tener, entre las gentes con acceso a ellos, y que se resume, o bien en una actitud de aceptación, si el análisis manifiesta juicios congruentes y en armonía con las concepciones políticas de quien lo recibe, o en una actitud de rechazo, si el análisis manifiesta juicios contrarios, y en conflicto, con esas preferencias y concepciones.

En este propósito, las siguientes observaciones, que, a manera de conclusión, se establecen como resumen de lo expuesto en este estudio, pretenden caracterizar el estilo político personal de AMLO y el contexto político-ideológico en el que se da y se ejerce ese estilo en el marco de sus acciones como presidente de México.

1ª. El régimen de Andrés Manuel López Obrador, es a todas luces, desde el punto de vista ideológico, un régimen populista con tendencias socialistas o de izquierda, del tipo democracia social o simplemente socialismo, en el que se mezclan concepciones personales de AMLO, nociones históricas sobre algunas épocas y personajes de la historia ---particularmente de Hidalgo y la Independencia, de Juárez y la Reforma, y de Zapata o de Villa y la Revolución---, en las que se perfila no solo una idea liberal y populista de la política, sino un estilo personal de gobernar un poco gitano, un poco oportunista, del que centra su atención solo en aquello que es compatible a sus concepciones e ideas, nociones históricas que rescata para justificar su pretensión en el desarrollo de su gestión como presidente de la Republica.

Sus concepciones en el orden ideológico son resultado de sus propias vivencias, de sus experiencias y aventuras a lo largo de su historia personal de militante, desde las vividas en su juventud, en su estado natal Tabasco, hasta las vividas en el PRI, partido al que perteneció desde su juventud, como líder de la disidencia al interior de ese partido, junto a Cuauhtémoc Cárdenas y Porfirio Muñoz Ledo, en la década de 1970; las vividas con motivo de su participación en la creación del Partido de la Revolución Democrática (PRD), y sus experiencias como como abanderado de ese partido, en las contiendas electorales por el control de la Jefatura de Gobierno del Distrito Federal, y en el ejercicio político como Jefe de Gobierno del Distrito Federal, en la décadas de 1900 a 2005; así como también de sus experiencias como candidato de diversas coaliciones y alianzas político-electorales por la presidencia de la Republica, en 2006, 2012 y 2018.

El ciclo de su vida política va de la contienda a

la derrota, y de la derrota a la rebeldía y al revanchismo, fases que acompaña con denuncias, movilizaciones populares, rupturas y hasta con la creación de corrientes en los propios partidos, o nuevos partidos políticos, como alternativas para continuar con su inquebrantable propósito alcanzar la presidencia de la república. Los episodios que se suceden a lo largo de su vida son solo el fiel reflejo de este ciclo enfermizo que mueve a Andrés Manuel cada 6 años. En el que siempre aparece el militante aguerrido, reticente a la obediencia, que grita y denuncia; aquel que, tras la desilusión del fracaso, por no haber logrado el objetivo, recurre a las publicaciones de denuncia, la teoría del complot y el recurso pegajoso de la mafia del poder como salida que justifica su fracaso.

2ª. El discurso político que predomina en el régimen de Andrés Manuel López Obrador es el mismo discurso populista sin sentido, que prevalece hoy en los escenarios político-electorales, en el continente, un discurso resultado de una falta de congruencia en la lógica del pensamiento, una especie de "oxímoron" que induce a una lógica de juicios erróneos y conclusiones absurdas, sin conexión, ni puentes con los postulados de los que se parte. Así, el discurso del "chairo", un creyente fanático de AMLO, para quien todo argumento en contra, es expresión solo de un interés político de grupos de interés que se ven afectados, pero nunca algo verdadero o real. En las redes sociales, circula el intercambio de dos personas, una que abre la conversación con un comentario, y, la otra, el chairo que lo escucha: "Oye, ya supiste que AMLO dijo tal cosa...", y el chairo responde, "Si, si lo dijo, pero en realidad lo que quiso decir es que..." y termina siempre justificando la actitud o las palabras del personaje, sin posibilidad alguna de réplica o contrarréplica.

En este contexto, la confusión lógica, histórica e ideológica, que se sigue de este paradigma mentiroso y obscuro, se manifiesta en todos los terrenos, no solo en el intercambio cotidiano de palabras y experiencias, sino en el esquema conceptual mental con que la mayoría de las personas utilizan para definir, entender o interpretar la realidad que enfrentan. El confusionismo así generado, llega a tal grado que la mayor parte de las cosas, o temas en la vida social e histórica de las gentes, se ven influenciado por este oxímoron conceptual de hoy día, y del cual, el discurso político populista es solo una de sus expresiones. Alguien, en un debate universitario, se refería al problema que se muestra cuando se debate, por ejemplo, sobre algún tema polémico, sea el aborto o sea el homosexualismo, en donde la lógica prevaleciente necesariamente arroja, como resultado, que el argumento que se maneje, cualquiera que sea --- a favor, o en contra ---, implica una postura de discriminación o desigualdad. Se discrimina, se dice, si se condena tal practica como nociva a la sociedad, como también se discrimina si se aplaude tales prácticas, dada la marginación que se hace del interés público y social en el asunto.

3ª. El uso repetido de esta práctica en el discurso, con el argumento sin argumento, que representa, y la manera ilógica de encarar la realidad con el absurdo a que conduce, lleva a la prevalencia del discurso de una política "antipolítica", una especie de juego de palabras en el que se legitima el absurdo como argumento, que termina convirtiéndose en un cómodo modus vivendi, en el que se está contra todo, porque "siempre es lo mismo", o porque son solo manipulaciones con los que "se engaña y se miente".

Así es descrito, en la literatura política, el paradigma demagógico en el que "la clase política" es considerada como una élite, desvinculada de los intereses de la sociedad; paradigma en el que se aboga por una refundación total de los sistemas políticos, y, la prevalencia de prácticas populistas como el clientelismo, el particularismo o el neo-patrimonialismo, prácticas políticas.

Estas prácticas populistas, conducen además a un fenómeno más peligroso aun, por los estilos de vida social que conduce al ideal de la "despolitización" de la vida pública, lo que facilita la evolución de los populismos autoritarios basados en el ideal de una "política antipolítica", e incluso de "gobiernos antipolítica", maniobra con la que se busca abolir, al menos discursivamente, el juego político tradicional "gobierno-pueblo", para no ser percibidos como actores políticos interesados, sino como miembros del pueblo que lucha por las reivindicaciones". Así, en el caso de AMLO, a pesar de ser quien encabeza y dirige el gobierno, cuando enfrenta eventos o incidentes de fracaso que lo sitúan fuera del paradigma del líder histórico, es dado a acudir al expediente de traer a colación incidentes de moral política cuestionable, de regímenes anteriores, particularmente de sus odiados predecesores, Carlos Salinas de Gortari, Ernesto Zedillo, Vicente Fox y Felipe Calderón, en quienes se excusa de sus fracasos y errores, al mismo tiempo que insiste en rescatar el papel de reformador moral y político que el representa.

4ª El régimen de Andrés Manuel López

Obrador es un resultado político electoral inexplicable, si no se recurre al papel destacado y decisivo que su liderazgo personal jugo en el desarrollo histórico precedente y la suerte final de la contienda electoral de 2018, que culmina con su designación como presidente de la Republica. Su presencia, como figura histórica, en ese proceso electoral, lo sitúa como el líder en el que las aspiraciones de los mexicanos se personalizaron y en cuyos rasgos creyeron encontrar imágenes de estados ideales de auto realización, fenómeno que suele llevar a sus seguidores a un paroxismo emocional sin precedente, en el que las gentes se vuelcan a las calles, o a los escenarios electorales, con tal de hacer prevalecer la figura de AMLO como presidente de la República.

El liderazgo "carismático", liderazgo que atrae por su presencia, su palabra o su personalidad, es un elemento crucial en el modelo de gestación de todo Estado populista, y AMLO, en el caso de México, es quien personifica esa mística y propuesta de transformación, y por tanto, el personaje central absoluto, factótum en el nuevo orden, intocable y todopoderoso. Esta naturaleza subjetiva del carisma, que produce en la mente y aspiraciones de los demás, permite incorporar otro componente importante en la gestación de la conducta irracional de los seguidores, ante la figura y palabras del líder: el inconsciente colectivo, que irrumpe en el anonimato de las masas y lleva a los individuos a que actúen bajo la sugestión de las imágenes extraordinarias que se tienen del líder, y que a su vez se convierte en un factor de contagio a los demás, creándose así el estado emocional colectivo propio de las muchedumbres y movimientos de masas.

5ª   Otra nota distintiva del estilo personal de gobernar de Andrés Manuel López Obrador, y el régimen político que encabeza, es su recurrente calificación de personajes, o eventos, con nombres que señalan y distinguen, maniobra dialéctica que se utiliza para arrinconarlos en la esquina de los apestados, y colocarlos en el imaginario popular como eventos o personajes de una categoría social de "privilegio", que si protestan es porque se ven afectados en sus intereses; categoría que distingue y cuida de contraponer, en un esquema de enfrentamiento dialectico, a la categoría de los "pobres", los "desheredados" de la fortuna, de los que son explotados por aquellos.

Esta estrategia de desigualdad y marginación de una clase de ciudadanos, llamada por los estudiosos como "polarización de la sociedad", se observa también como una constante en las manifestaciones históricas del populismo, una especie de patrón característico de este sistema, y que no es compartido en otro tipo de concepciones. La estrategia de fragmentación, así utilizada, permite a quien encabeza el poder, enfrentar cualquier brote de descontento, o resistencia, ya que la imagen creada de dos tipos de ciudadanos en conflicto por sus intereses, facilita al sistema rechazar los actos de resistencia, aunque se trate de reclamos legítimos, como conductas de quienes se han visto afectados en sus privilegios e intereses. Una maniobra de engaño que legitima la marginación de algunos sectores de la población, y el privilegio de otros.

6ª Un elemento más, en la caracterización de Andrés Manuel López Obrador, como presidente de México, es el de la semejanza histórica de sus esfuerzos por la consolidación de Morena, como partido político, y el periodo de gestación y desarrollo del PRI como el partido Estado que hizo posible el predominio histórico de ese partido, en el sistema político mexicano por más de 70 años. Lucha y esfuerzos resultado de sus lecturas de García Villegas, a quien alguna vez debió haber leído, y la fórmula por el descrita para la estabilidad económica y política de los sistemas, tal como lo descubrió en la longevidad y estabilidad del sistema político mexicano, y que resume en una afortunada mezcla "presidencialismo" y "partido dominante".

La pretensión es convertir a Morena ---el

partido "que nos dio la oportunidad de llevar a cabo la Cuarta Transformación"[53]---, en ese partido político oficial, no único, pero dominante, que permita a Andrés Manuel mantener su ejercicio presidencial incuestionable y su marcha a futuros escenarios, pues después de todo volver a la formula exitosa del partido-Estado es una buena y práctica lectura de la historia. "La perspectiva histórica del presidente tabasqueño pertenece al régimen antiguo de historicidad dentro del cual la historia desempeña el papel de maestra de la vida, proveyendo de ejemplos del pasado a los hombres del presente para iluminar sus decisiones. Esto es posible porque, de acuerdo con esta concepción, la historia se repite, aunque obviamente no como una copia idéntica de la precedente. En función de eso, conocerla al detalle no es una práctica ociosa sino un insumo indispensable de las decisiones correctas

---

[53] López Obrador, Andrés Manuel. AMLO se aleja de Morena por conflictos: ya pidió licencia como militante. Reporte Nivel Uno. 29 de octubre de 2019. https://reporteniveluno.mx/2019/10/29/amlo-se-aleja-de-morena-ya-pidio-licencia-como-militante/.

del *homo politicus*. Así la concibe López Obrador"[54].

7ª. Destaca también en esta caracterización del régimen de Andrés Manuel López Obrador, el crucial papel que juega Morena, no solo en el proceso electoral que lo lleva al poder, en 2019, sino también en el uso que se hace del mismo, en las movilizaciones populares que se ponen en práctica para acallar toda oposición, pues su doble naturaleza, de partido político y de movimiento social, le permite también así ser utilizado. Una herramienta más en la lucha política para mantener el poder. No se olvide que Morena es una creación de AMLO, y que, como tal, se adapta y ajusta a las necesidades de su fundador, y dirigente incuestionado, y convertirse por lo tanto en cualquier momento en el brazo ejecutor de los deseos de su fundador.

---

[54] Illades, Carlos. La historia maestra de la vida. Revista común. 30 de junio de 2019. Revistacomun.com
https://www.revistacomun.com/blog/la-historia-maestra-de-la-vida

Este modelo de "partido-movimiento", ofrece grandes ventajas estratégicas, pues permite, al mismo tiempo, contar con las prerrogativas de un partido político ---recursos y legitimidad, sobre todo---, y contar, además, con una herramienta de guerra con la cual lleva a cabo movilizaciones y protestas que en algunas circunstancias coyunturales son necesarias para el éxito del proyecto que se enarbola. Así, la protesta y bloqueo de los pozos petroleros de Pemex, en Tabasco, en 1996, y como lo hizo luego, tras el intento de desafuero en su contra en 2005, que da lugar a la movilización de miles de sus simpatizantes y la toma de las calles en el DF, y que obliga a la PGR a no ejercer la acción penal en su contra.

8ª. En su dimensión económica y financiera, el régimen de AMLO es una réplica de las ideas y practicas populistas que en este campo utilizan los regímenes de este mismo corte ideológico. Se trata de concepciones económicas en las que se hace hincapié en el crecimiento económico del país y en la redistribución del ingreso, como instrumentación de una justicia redistributiva que favorece a sectores de la población que se juzgan en estado de necesidad. Al mismo tiempo, se busca mantener el equilibrio financiero que los costos de estas inversiones producen, intentando minimizar los riesgos de la inflación y el financiamiento deficitario además de las restricciones externas y la propia reacción de los agentes económicos que se produce ante estas políticas que operan fuera de las normas del mercado.

Referencias

Aguilar, Rubén. AMLO explota su imagen para crear una base electoral en Morena. Palabras claras, Sept. 2019. https://palabrasclaras.mx/politica/amlo-explota-su-imagen-para-crear-una-base-electoral-en-morena-ruben-aguilar/

Alterman, Eric. Declive del pensamiento histórico. Revista Sin permiso. ISSN: 1886-3507. 24/02/2019. http://sinpermiso.info/textos/el-declive-del-pensamiento-historico.

Aruguete, Natalia. Revista P. Septiembre de 2019. https://www.letrap.com.ar/nota/2019-4-9-13-18-0--las-fake-news-son-una-herramienta-mas-de-las-campanas-electorales

Aznar Hugo. Walter Lippmann. Tecnos Madrid, 2011 ISBN: 978-84-309-5216 Doxa. Comunicación/ N.º 13 / 241 https://wps.pearsoncustom.com/wps/media/objects/2429/2487430/pdfs/lippmann.pdf

Bobbio, Norberto. (2001). La teoría de las formas de gobierno en la historia del pensamiento político. Fondo de Cultura Económica. México. ISBN 968-16-6467-1

Bradshaw, Samantha and Philip N. Howard. 2017. Troops, Trolls and Troublemakers: A Global Inventory of Organized Social Media Manipulation. Working paper no. 2017.12 http://blogs.oii.ox.ac.uk/politicalbots/wp-content/uploads/sites/89/2017/07/Troops-Trolls-and-Troublemakers.pdf

Bretton Woods. Acuerdos. https://es.wikipedia.org/wiki/Acuerdos_de_Bretton_Woods

Camacho, Manuel. Los nudos históricos del sistema político mexicano. Foro Internacional, Vol. XVII, 4 (68) abril-junio, 1977. https://forointernacional.colmex.mx/index.php/fi/article/view/772.

Cassirer, Ernst. El mito del Estado. Fondo de Cultura Económica. México 1968. ISBN 968-16-0964-6 https://agoracontemporanea.files.wordpress.com/2016/09/cassirer-e-el-mito-del-estado.pdf

Capítulo VI. El Sistema político mexicano y el cambio institucionalizado. Pdf.

Consenso Washington. https://www.britannica.com/topic/Washington-consensus

Cosío Villegas, Daniel. El sistema político mexicano. Las posibilidades de cambio. México 1974. Editorial Joaquín Mortiz, S.A. https://docs.google.com/file/d/0B00RWPOt71AnUXltSzh0MmIlYk0/preview

Dahl, Robert. La democracia. https://dedona.files.wordpress.com/2014/02/dahl-postdata1.pdf

Definición de sistema y sistema económico. https://definicion.de/sistema/ https://definicion.de/sistema-economico.

Delgado, Álvaro. Morena: Partido y movimiento. Revista Proceso. 10 de Septiembre de 2012. https://www.proceso.com.mx/319489/morena-partido-y-movimiento.

Deusdad, Blanca. El concepto de liderazgo político carismático: populismo e identidades. Opción, año 19, no 41 (2003): 9-35 ISSN 1012 – 1587 https://www.researchgate.net/publication/26420828_El_concepto_de_liderazgo_politico_carismatico_Populismo_e_identidades

Dornbusch, Rudiger y Sebastián Edwards. La macroeconomía del populismo en la América Latina. https://miestrado.files.wordpress.com/2014/10/macroeconomia-del-populismo.pdf

El triunfo de Vicente Fox en México pone fin a 71 años de gobierno del PRI. https://elpais.com/diario/2003/02/24/portada/1046041210_850215.html

Encuesta nacional sobre disponibilidad y uso de tecnologías de la información en los hogares 2015. Gobierno de México. https://www.gob.mx/sct/prensa/encuesta-nacional-sobre-disponibilidad-y-uso-de-tecnologias-de-la-informacion-en-los-hogares-2015

Greene, Robert. Las 48 leyes del poder / Robert Greene y Joost Elffers. Buenos Aires: Atlántida, 2010. ISBN 978-950-08-3768-2 http://www.elartedelaestrategia.com/Las-48-leyes-del-poder.pdf

Harvey, David. Breve historia del neoliberalismo. ISBN: 9788446025177   2007 file:///C:/Users/sergi/OneDrive/Documentos/BOOK20REFERENCIAS/NEOLIBERALISMO/Breve_historia_del_Neoliberalismo.pdf.

Hiriart, Pablo. Opinión. Cuesta abajo y el piloto va encantado. El financiero. 1/11/19.

Huergo Porta, Andrés. Redes sociales, opinión pública, verdad y democracia.

Revista Leer y difundir. 25 enero, 2018 https://www.leerydifundir.com/2018/01/redes-sociales-opinion-publica-verdad-democracia

Huerta Paniagua, Roberto. El papel de la masonería en la revolución mexicana (1ª parte) Diario Mason, Jueves 24 de Mayo de 2018. https://www.diariomasonico.com/historia/el-papel-de-la-masoneria-y-los-masones-en-la-revolucion-mexicana/

Huerta Paniagua, Roberto. El papel de la masonería en la revolución mexicana (2ª parte). Diario Mason, http://www.masoneria.com.mx/el-papel-de-la-masoneria-en-la/

Instituto Federal Electoral (IFE).
https://es.wikipedia.org/wiki/Instituto_Federal_Electoral

Illades, Carlos. La historia maestra de la vida. Revista común. 30 de junio de 2019. Revistacomun.com
https://www.revistacomun.com/blog/la-historia-maestra-de-la-vida

Infobae. Martes 29 de Octubre de 2019. El oficio del troll: como se organiza la manipulación de las redes sociales.
https://www.infobae.com/america/mundo/2017/09/13/el-oficio-del-troll-como-se-organiza-la-manipulacion-de-las-redes-sociales/

Laclau, Ernesto y Chantal Mouffe. Hegemonía y estrategia socialista. Hacia una radicalización de la democracia. Siglo XXI, Madrid 1987.
https://perio.unlp.edu.ar/catedras/system/files/laclau_hegemonia_es trategia_socialista_3.pdf

Laclau, Ernesto, La razón populista. Fondo de Cultura Económica. México, 2004. ISBN 950-557-635-8.
http://www.liderazgos-sxxi.com.ar/bibliografia/laclau-cap-6.pdf

Lenín. El papel del Partido Comunista. 23 julio de 1920. Boletín del II Congreso de la Internacional Comunista. Discursos pronunciados em los congresos de la Internacional Comunista. Moscú, Ediciones Progreso. Marxists Internet Archive, 2001. Retrieved from https://www.marxists.org/espanol/lenin/obras/1920s/internacional/c ongreso2/02.htm

López Obrador, Andrés Manuel. 2018 La salida. Editorial Reforma. México 2018. http://morenachiapas.si/wp-content/uploads/2017/04/2018-La-salida.pdf.

López Obrador, Andrés Manuel. Versión estenográfica de la conferencia de prensa matutina del presidente Andrés Manuel López Obrador. Sept. 13, 2019. https://lopezobrador.org.mx/

López Obrador, Andrés Manuel. AMLO se aleja de Morena por conflictos: ya pidió licencia como militante. Reporte Nivel Uno. 29 de Octubre de 2019.

https://reporteniveluno.mx/2019/10/29/amlo-se-aleja-de-morena-ya-pidio-licencia-como-militante/

Malavé Gamboa, Héctor. ¿Cuál es la ideología de Morena? https://old.laizquierdasocialista.org/node/3657

Krauze, Enrique. Por una democracia sin adjetivos. https://sistemapoliticomexico.files.wordpress.com/2012/11/enrique-krauze-dmocracia_sin_adjetivos.pdf

Máxima Uriarte, Julia. 2019. Neoliberalismo. Última edición: 6 de julio de 2019. https://www.caracteristicas.co/neoliberalismo/. Consultado: 04 de octubre de 2019. https://www.caracteristicas.co/neoliberalismo/#ixzz610ApjugR

Montenegro, Walter. Introducción a las doctrinas político-económicas / Walter Montenegro. - 3~ed. México: FCE, 1982 328 p.; 17 X 11 cm - (Colec. Breviarios; 122) ISBN 968-1 (H)609-4 https://www.scribd.com/document/251988076/Introduccion-a-Las-Doctrinas-Politico-Economicas-Walter-Montenegro

Mont Pelerin Society. https://www.montpelerin.org/

Paramio, Ludolfo. Giro a la izquierda y regreso del populismo. Nueva Sociedad 205. Pp. 62-74. https://www.academia.edu/1242528/Giro_a_la_izquierda_y_regreso_del_populismo

Ordaz Diaz, Arturo. México al borde de la recesión sin un impulso al crecimiento: IDIC. Revista Forbes. Octubre 25, 2019

Romero, Luis Miguel. El auge del populismo y la antipolítica. Revista Acción Política Edición No 2, Bogotá Noviembre-Diciembre 2017 file:///C:/Users/sergi/OneDrive/Documentos/BOOK%20REFERENCIAS/El_auge_del_populismo_y_la_antipolitica.pdf

Molina García, Cuauhtémoc D. Benito Juárez y el pensamiento masónico.
http://www.freemasons-freemasonry.com/benito_juarez_masoneria.html

Movimiento de Regeneración Nacional (MORENA). Partido político.
https://es.wikipedia.org/wiki/Morena_(partido_político)

Movimiento de Regeneración Nacional (MORENA). Estatuto de Morena.
https://lopezobrador.org.mx/wp-content/uploads/2013/02/Estatuto-de-MORENA.pdf

Navarrete Vela, Juan Pablo. (2008), Sistema político mexicano: desarrollo y reacomodo del poder. Iberoforum Revista electrónica del Departamento de Ciencias Sociales y Políticas Año III, No 6. Julio-Diciembre de 2008. Juan Pablo Navarrete Vela. Pp. 131-148 Universidad Iberoamericana A.C., Ciudad de México.
www.uia/iberoforum
https://ibero.mx/iberoforum/6/pdf/juann.pdf

Ortíz, Alexis. Un error revelar nombre del coronel: expertos. El Universal   01/11/2019
https://www.eluniversal.com.mx/nacion/seguridad/un-error-revelar-nombre-de-coronel-expertos

Vázquez, Edgar. Noticias falsas y campañas electorales de 2018.
https://www.edgarvasquez.com/noticias-falsas-y   campanas-electorales/

Victimización. https://conceptodefinicion.de/victimizacion/

Victimización en política. Blog de Wordpress.com.
https://bjserarbina.wordpress.com/2012/02/02/sobre-victimizacion-en-politica/

Villasana, Carlos y Angelica Navarrete. El día en el que se cayó el sistema y gano Salinas. El Universal. 01/08/2018.

https://www.eluniversal.com.mx/colaboracion/mochilazo-en-el-tiempo/nacion/sociedad/el-dia-en-que-se-cayo-el-sistema-y-gano-salinas

Weber, Max. 1921. Economía y sociedad. https://www.biblioteca.org.ar/libros/131823.pdf

Zavala, Misael. 13/12/17. Las coaliciones de AMLO en sus intentos por llegar a la Presidencia. https://www.eluniversal.com.mx/elecciones-2018/las-coaliciones-de-amlo-en-sus-intentos-por-llegar-la-presidencia

Zavala, Juan Ignacio. El gobierno y la marcha de la locura. El Financiero, 25/10/2019

Zepeda Paterson, Jorge. Razones y sinrazones de López Obrador. El país. 7 de Febrero 2018. https://elpais.com/internacional/2018/02/07/mexico/1518030140_116463.html

Zuckerman, Leo. Juegos de poder. Morena: ¿cómo el PRD o como el PRI? Excelsior 10/30/19.

SOBRE LOS AUTORES

Luis Francisco Martínez Ruiz, es maestro en Administración y Lic. en Administración. Consultor de la Comisión Federal de Electricidad en el tema de Liderazgo. Profesor de Tiempo Completo de la Universidad Autónoma de Chihuahua, adscrito a la Facultad de Ciencias Políticas y Sociales. Recibe comentarios en lfmarti2000@uach.mx.

Víctor Hugo Medrano Nevárez, es maestro en Comunicación Política e Ing. Industrial. Profesor de Tiempo Completo de la Universidad Autónoma de Chihuahua, adscrito a la Facultad de Ciencias Políticas y Sociales. Integrante del Grupo Disciplinar del Tercer Sector y Política Social de la UACH Recibe comentarios en hmedrano@uach.mx.

Rubén Borunda Escobedo, es maestro en Administración, Lic. en economía y Lic. en Filosofía. Profesor de Tiempo Completo de la Universidad Autónoma de Chihuahua, adscrito a la Facultad de Ciencias Políticas y Sociales. Integrante del Grupo Disciplinar del Tercer Sector y Política Social de la UACH Recibe comentarios en ruborun@uach.mx.